TRAITÉ

DU

DOMAINE CONGÉABLE

TRAITÉ

DU

DOMAINE CONGÉABLE

Par A. AULANIER

AVOCAT A SAINT-BRIEUC

TROISIÈME ÉDITION

Corrigée et augmentée.

SAINT-BRIEUC

IMPRIMERIE DE GUYON FRANCISQUE, LIBRAIRE-ÉDITEUR

4, Rue Saint-Gilles, 4.

1874

FACULTÉ DE DROIT DE PARIS.

THÈSE

POUR LE

DOCTORAT

SOUTENUE PAR

ARTHUR-LÉON-MICHEL BEAULIEU
Avocat à la cour impériale de Paris.

PARIS
ANCIENNE MAISON GUSTAVE RETAUX
C. PICHON-LAMY, LIBRAIRE-ÉDITEUR
15, RUE CUJAS, 15

1868

FACULTÉ DE DROIT DE PARIS

DE

LA COMPLICITÉ

EN DROIT ROMAIN

ET EN DROIT FRANÇAIS

THÈSE POUR LE DOCTORAT

SOUTENUE

Le Mercredi 23 Décembre 1868, à 10 heures 1/2

PAR

ARTHUR-LÉON-MICHEL BEAULIEU

Né à Paris, le 4 juillet 1843

AVOCAT A LA COUR IMPÉRIALE DE PARIS

Président : M E. BONNIER

SUFFRAGANTS :

MM. COLMET DAAGE, GIRAUD, DEMANGEAT — PROFESSEURS.

GLASSON — AGRÉGÉ.

PARIS

ANCIENNE MAISON G. RETAUX

C. PICHON-LAMY, LIBRAIRE-ÉDITEUR

15, RUE CUJAS, 15

1868

A MON PÈRE

A MON GRAND' PÈRE, A MA GRAND' MÈRE

PRÉFACE

Toute bonne action mérite une récompense ; toute faute appelle un châtiment. Cette vérité, inscrite au fond de toutes les consciences, s'impose à la raison par l'évidence. Mais la justice qui nous l'inspire n'est pas de ce monde ; et si, tous tant que nous sommes, elle nous a soumis à ses lois, elle n'a chargé personne ici-bas d'en faire l'application.

Dans toutes les sociétés, pourtant, et à toutes les époques, la justice pénale a été exercée par le pouvoir, comme un droit fondamental et constitutionnel, et personne n'a jamais mis en doute la légitimité de cet exercice. C'est que l'idée du juste n'est pas la seule base sur laquelle s'appuie ce droit redoutable. La société, dont l'existence est nécessaire à la vie de l'homme, a le devoir de veiller à sa propre conservation. Si donc un fait quelconque la menace ou la trouble, elle a le droit d'y mettre obstacle ou de le réparer; et, lorsque ce fait intéresse la morale, en même temps que sa conservation, elle peut évidemment dans la limite de son intérêt se prévaloir des lois de la justice, pour infliger au coupable un châtiment calculé sur la double base du juste et de l'utile.

Tel est en effet le fondement rationnel du droit de punir.

L'un des problèmes les plus importants que soulève son application, est celui de savoir à qui et dans quelle mesure la société doit demander compte de l'acte coupable qui l'a troublée. Le problème se transforme et devient plus intéressant encore, lorsque, se trouvant en présence de plusieurs coupables associés dans la responsabilité d'un même délit, il s'agit de faire la part de chacun, pour lui infliger aussi exactement que possible la peine qu'il a méritée.

C'est cette question de la complicité qui fera l'objet de notre étude, tout d'abord, au point de vue des principes de la science rationnelle du droit pénal, puis ensuite au point de vue du droit positif, envisagé dans ses développements divers et successifs depuis l'époque romaine jusqu'à nos jours.

DE LA COMPLICITÉ

AU POINT DE VUE DE LA SCIENCE RATIONNELLE DU DROIT PÉNAL

L'idée de complicité éveille celle d'association, et, suivant l'ingénieuse remarque d'un éminent criminaliste, par une de ces mystérieuses rencontres dont la formation des langues nous offre plus d'un exemple, la racine étymologique du mot complicité *(cumplexus)* signifie à la fois *lié avec* et *puni avec*, ce qui répond entièrement au sens complexe de cette expression. Le caractère essentiel de la complicité est donc l'unité de délit et la pluralité d'agents responsables, et l'on doit entendre par complices, tous ceux qui, s'étant associés dans la perpétration d'un même délit, doivent aussi être liés dans un même châtiment. Le langage de la pratique a toutefois diminué la portée du mot; elle l'oppose généralement à celui d'*auteurs*, pour désigner ceux dont le rôle a été purement auxiliaire (1).

(1) Art. 314 du *Code Pénal.*

Le problème pénal de la complicité, dont nous allons exposer la solution générale, telle qu'elle est dictée par les seules lumières de la raison, indépendamment de tout système de législation, consiste à déterminer quelle est la part de responsabilité qui revient à chacun de ces agents.

La science rationnelle, qui les comprend tous sous la même dénomination de complices, cherche d'abord à établir entre eux des distinctions générales qui, s'appliquant à tous les cas, indiquent au juge dans quelles limites peut s'exercer son appréciation particulière du fait dont il est saisi. Les principes de l'imputabilité, qui nous guideront pendant tout le cours de cette étude, servent à résoudre cette question préliminaire de la manière suivante.

Ils conduisent à distinguer parmi les différents agents ceux dont on peut dire qu'ils sont la cause première, génératrice et principale du délit même, et ceux qui n'ont fait que prêter un secours accessoire capable, non de produire l'acte même constitutif du délit, mais seulement d'aider à son accomplissement. Les premiers sont les auteurs ; les seconds, les auxiliaires ; tous complices entre eux, comme nous l'avons vu plus haut.

L'auteur, cause première génératrice et principale du délit même, est évidemment celui qui, ayant conçu et arrêté la résolution du délit, l'a en outre exécutée lui-même.

Mais, dans un drame aussi complexe, les rôles peuvent se trouver divisés. Il est possible que la résolution et l'exécution soient respectivement l'œuvre de deux agents distincts. Quel sera alors le caractère de l'un et de l'autre ? Les principes nous paraissent décisifs pour leur attribuer à chacun la qualité d'auteur et faire de leur association criminelle une complicité de coauteurs. La cause première d'un délit se trouve en effet avant tout dans l'acte moral de la conception, de la délibération et de la résolution. Ce travail intérieur consommé, il ne reste plus qu'à trouver un instrument pour en réaliser le but. Si cet instrument a été trouvé et mis en œuvre, tous les éléments constitutifs de la responsabilité pénale seront donc réunis. Or, qu'importe si l'auteur de la résolution s'est servi de son bras ou bien de celui d'un autre ? L'agent du délit n'est pas le bras qui frappe, c'est l'activité intelligente et libre qui dirige. Tel est le principe de l'imputabilité. L'auteur de la résolution, cause première et principale, est donc auteur du crime ; nous l'appellerons auteur intellectuel.

Quant à l'exécuteur, si nous le supposons intelligent, s'étant associé librement et sciemment à l'œuvre de son complice, ne réunit-il pas toutes les conditions de l'imputabilité? N'est-il pas une activité intelligente et libre accomplissant un crime ? Et, dès lors, ne trouvons-nous pas en lui tous les caractères du précédent ? Incontestablement cause génératrice, dans l'acte moral de compréhension, de délibération et de résolution, auquel lui aussi s'est livré, il est en outre cause principale dans la direction qu'il a imprimée à son propre bras, et par suite il est auteur du délit; on le désigne sous le nom d'auteur matériel.

Cette dernière décision n'a jamais été contestée; mais un savant jurisconsulte (1) n'a voulu voir dans l'auteur intellectuel qu'un complice au sens radical du mot, un auxiliaire. Il se base sur ce que la loi pénale, limitée au juste et à l'utile, ne punit pas ce qu'il appelle la criminalité subjective, mais seulement la criminalité objective, le fait même de la résolution, considéré indépendamment de l'exécution, échappant ainsi à l'action de la pénalité humaine. Et, dès lors, l'instigateur n'est punissable à ses yeux qu'à raison de son association à la criminalité objective de l'auteur matériel. Ce système, qui me paraît d'abord renverser les termes du rapport unissant les deux coupables, me semble en outre se contredire lui-même. Car, de deux choses l'une, ou la loi ne punit jamais la criminalité subjective, ou bien elle la punit quelquefois. Si elle ne la punit jamais, comment expliquer qu'une association purement morale, coupable, mais qui en elle-même échappe à toute sanction pénale, puisse motiver une pénalité ? Si elle la punit au contraire dans notre hypothèse, pourquoi ne pas tenir compte de toute son influence et de toute sa valeur dans le délit? Pourquoi repousser l'appli-

(1) M. Bertauld.

cation des principes de l'imputabilité qui déclarent l'instigateur cause génératrice et principale ?

Ce que la loi ne punit jamais, c'est la criminalité subjective pure n'ayant produit aucun effet ; parce que, si la justice admet alors un châtiment, l'utilité sociale ne le réclame pas. Si, au contraire, l'acte moral a produit un effet, ce qui est notre hypothèse, l'utilité sociale intervient et réclame une peine dans la mesure de laquelle la justice doit dès lors intervenir.

Cette démonstration suppose que les deux agents étaient tous deux capables de responsabilité, c'est-à-dire intelligents et libres. Que si, au contraire, l'un d'entre eux, à raison de son âge, de sa faiblesse d'esprit, ou bien à raison d'une violence exercée contre lui, ou enfin par suite de toute autre cause, ne remplissait pas les deux conditions essentielles de l'imputabilité, le crime retomberait tout entier sur l'autre, qui en subirait seul les conséquences pénales.

La coexistence de l'auteur intellectuel et de l'auteur matériel ainsi établie, la détermination précise des caractères et du rôle de chacun d'eux donne encore lieu à quelques difficultés.

La qualité d'auteur, de cause génératrice et principale, suppose chez le premier plus qu'une simple idée du crime, plus que le désir de le voir se réaliser, plus même que la participation la plus active aux débats préparatoires ; elle sous-entend que la résolution, conçue et arrêtée par cet agent, a été exécutée à son instigation. Ce rapport nécessaire entre l'auteur intellectuel et l'auteur matériel a été traduit par les criminalistes sous les formes les plus diverses. L'ordre, le conseil, le mandat ont été les principales. Ce sont à nos yeux autant de complications qui n'éclaircissent en rien la matière ; puisées dans les textes du droit romain, parmi lesquels il est quelquefois malaisé de distinguer ce qui a trait au droit civil et ce qui se rapporte au droit pénal, elles forment une division arbitraire et ne peuvent qu'obscurcir les principes de la matière.

Il est plus simple de dire en deux mots, que l'auteur intellectuel a dû exercer sur l'auteur matériel quelque action déterminante et décisive, qui lui a fait adopter et exécuter la résolution. Peu importe d'ailleurs que cette action ait été un ordre, un mandat, un conseil ou quelque autre mode de provocation ; peu importe qu'elle ait eu sa source dans la violence, l'erreur ou les promesses, pourvu qu'elle se soit traduite en un mobile déterminant émané de l'auteur intellectuel et ajoutant à sa criminalité subjective la condition essentielle de produire un effet.

Au reste, il faut remarquer que ce mobile déterminant ne doit pas dépasser les limites d'une influence ni se transformer en une pression destructive de toute volonté chez l'agent matériel. Il n'y aurait plus alors deux coauteurs, mais un seul auteur et un instrument. Mais on conçoit parfaitement, et par exemple au cas de promesses ou d'instructions données pour accomplir le crime, qu'une action déterminante puisse se produire, sans altérer le libre arbitre de celui qui la reçoit. D'ailleurs, la mission de la science rationnelle n'est pas de préciser les circonstances multiples et variables à l'infini dans lesquelles la condition sera remplie ; elle doit se borner à constater qu'elle est possible, à l'exiger et à l'indiquer au juge, pour qu'il la recherche dans les cas divers qui se présenteront à lui.

J'ajouterai enfin qu'il n'est pas nécessaire que la provocation ait été adressée à une personne déterminée, et qu'un appel au crime par des discours, des affiches, ou des imprimés répandus publiquement, suffit parfaitement à engager la responsabilité de l'auteur de cette provocation comme complice, si elle a réellement produit son effet.

Le rôle d'auteur matériel est plus simple à déterminer. C'est celui de l'homme qui, agissant dans le libre exercice de ses facultés morales, exécute les actes matériels constitutifs de délit, c'est-à-dire les actes destinés à produire par eux-mêmes et directement l'effet préjudiciable de délit, tels que le ccup de couteau, l'embrasement des matières inflammables. Ici encore, on peut dire d'une manière générale que tout acte, tellement nécessaire à la perpétration du délit que, s'il n'avait pas eu lieu, rien certainement n'aurait été fait, est un acte d'auteur. Cette formule, quoique moins précise que la précédente, est cependant exacte. Elle embrasse tous les cas possibles, et évite l'inconvénient des nuances que les circonstances dans leur variété peuvent aisément faire naître.

La complexité des actes que doivent accomplir les auteurs, tant intellectuels que matériels, laisse enfin place à une division de leurs rôles respectifs, et peut donner naissance à deux séries de coauteurs, les uns intellectuels, les autres matériels.

Des auteurs ainsi caractérisés, aux auxiliaires, la transition est celle du principal à l'accessoire, de l'essentiel à l'accidentel, de la cause au moyen. Sans l'auteur, rien n'eut été fait ; sans l'auxiliaire, le délit aurait pu toujours s'accomplir. Peut-être, ses incidents eussent-ils été autres; mais l'absence de l'auxiliaire ne l'aurait pas nécessairement empêché de se produire. C'est ainsi que ce rôle peut se répartir entre les différentes phases du délit, ou se réduire à l'une d'elles. C'est ainsi encore que chaque phase peut avoir ses auxiliaires spéciaux. Peu importe d'ailleurs qu'ils agissent moralement ou physiquement, pourvu toutefois qu'ils exercent une influence dans l'accomplissement du délit.

L'auxiliaire ne peut être mieux défini que par une formule exclusive : c'est tout complice qui n'est pas un auteur. Vouloir le définir par des exemples, c'est courir le risque de commettre des omissions, et ce n'est pas éclairer la conscience du juge, qui doit toujours tenir compte des circonstances spéciales dans lesquelles il se trouve.

Une condition essentielle à l'existence de la complicité en général, et qui, par suite, s'applique aussi bien aux auxiliaires qu'aux auteurs, est que les actes qui la constituent aient été faits sciemment, c'est-à-dire, avec connaissance du but criminel.

Enfin, si l'auxiliaire s'est borné à des actes d'assistance purement moraux, tels que des avis, des promesses, il importe qu'ils aient réellement produit un effet. Il n'y a d'auxiliaire intellectuel qu'à la condition d'une action exercée dans l'accomplissement du délit, qu'à la condition d'un rapport avec les autres agents, constituant le lien de complicité.

Ces distinctions établies entre les différents agents d'un même délit, un nouveau problème se présente : c'est celui de savoir quelle pénalité doit s'appliquer à chacun d'eux. La solution en est bien simple.

Aux auteurs, tant intellectuels que matériels, causes génératrices et pricipales du délit, s'appliquera la peine du délit; et si aucune circonstance particulière à l'un d'eux ne laisse place à l'indulgence ou ne modifie sa responsabilité, comme celle-ci est la même en principe que celle de son coauteur, tous deux devront être traités de même.

Aux complices n'ayant figuré dans le délit que comme auxiliaires, et, par conséquent, avec une moindre responsabilité, la peine du délit s'appliquera encore, mais toujours avec un abaissement proportionnel à cette différence constante dans leur compte criminel. Une loi bien faite laissera sur ce point une grande latitude au juge, afin qu'il puisse tenir compte des variations considérables existant d'un délit à un autre, et pour lui permettre aussi, lorsqu'il se trouvera en présence de plusieurs complices, d'infliger à chacun la peine qui convient à sa responsabilité personnelle. Mais, dans la fixation du maximum, elle aura toujours soin de s'arrêter à un degré inférieur à celui du maximum de la peine infligée à l'auteur principal.

Tel est le système aussi net que rationnel auquel conduit l'application pure et simple des principes de l'imputabilité. A chacun selon ses œuvres, appréciées suivant leur valeur morale et leur importance matérielle : c'est là le critérium, indiscutable à nos yeux, qui doit guider le législateur dans la fixation de la pénalité applicable aux différents complices d'un crime ou d'un délit.

Bien des systèmes ont d'ailleurs été proposés et discutés sur ce point fort intéressant du problème de la complicité. Leur examen détaillé nous entraînerait trop loin ; mais nous aurons plus d'une fois l'occasion d'en faire la critique dans l'étude des différentes législations que nous passerons successivement en revue.

Notre système établi sur une base qui nous paraît certaine, nous passons dès maintenant à son application dans différentes hypothèses délicates.

Il est possible, et la pratique en fournit de nombreux exemples, que certains faits soient particuliers à certains complices et que certaines circonstances spéciales à quelques-uns viennent modifier leur responsabilité. Quelle sera la conséquence pour les autres de ces faits et de ces circonstances ?

Cette question résume en elle seule tous les problèmes les plus délicats et les plus intéressants que la science rationnelle ait à résoudre sur la complicité.

Le premier qui se présente, en suivant l'ordre des faits, est celui du repentir.

Lorsqu'il se pose entre un auteur matériel se repentant et s'abstenant par suite d'exécuter, d'une part, et un auteur intellectuel ou de simples complices, d'autre part, la solution en est simple. Comme il n'y a de responsabilité pénale que si le délit projeté ou préparé a été exécuté, tous, en pareil cas, sont affranchis par le fait du repentir de leur associé, quand même ils auraient d'ailleurs complétement achevé leur rôle et dans toutes les conditions de l'imputabilité morale. Pour qu'ils fussent atteints, il faudrait que la loi eût érigé en délit spécial les actes de préparation, de complot, d'excitation, auxquels ils se sont livrés.

Le problème est simple encore, lorsque c'est un complice qui s'est repenti antérieurement à l'exécution, les auteurs ayant d'ailleurs persévéré dans leur intention criminelle jusqu'à la réaliser. Pourvu que son repentir soit sincère, et que, au cas d'assistance matérielle déjà fournie dans ses actes préparatoires, il se soit manifesté par des efforts sérieux tendant à détruire autant que possible l'effet de cette assistance, le complice auxiliaire doit être absous, parce que le fait de sa seule volonté est suffisant pour le dégager des liens d'une association dans laquelle il ne jouait qu'un rôle secondaire.

Ceci suppose, bien entendu, un repentir antérieur à l'exécution, le seul qui supprime au moment de la perpétration du délit le lien de culpabilité suffisant à établir la complicité avec toutes ses conséquences.

Mais la solution devient autrement difficile, lorsqu'on est en présence d'un auteur intellectuel se repentant et d'un auteur matériel exécutant le crime projeté. Le cas de repentir postérieur à l'exécution écarté, une divergence d'opinion existe ici entre ceux qui distinguent l'agent intellectuel du complice auxiliaire, et ceux qui considèrent l'agent intellectuel comme n'étant toujours qu'un complice. Les premiers distinguent si l'auteur a manifesté ou non son repentir à l'exécuteur et antérieurement à l'exécution ; au cas de l'affirmative, ils l'absolvent, parce que cette expression de sa volonté nouvelle a rompu le lien existant entre lui et l'auteur matériel, sur lequel désormais retombe toute la responsabilité du crime, s'il le commet en pleine connaissance de cause. A l'inverse, le défaut de manifestation du repentir maintient toujours l'auteur intellectuel dans la complicité du crime, parce que l'auteur matériel, mis en œuvre par lui et comptant sur sa solidarité, continue certainement à subir son influence, condition nécessaire et suffisante pour établir la communauté de responsabilité.

Les partisans du deuxième système, au contraire, accordent toujours au repentir le bénéfice d'une entière absolution, parce que, pour eux, le repentant n'ayant à l'égard de l'exécuteur qu'un rôle accessoire, la manifestation de son changement de volonté importe peu à celui qui, ayant subi son influence, accepté ses conseils ou ses secours, a d'ailleurs fait la résolution sienne et assumé toute la responsabilité de l'exécution.

L'origine de la controverse réside évidemment dans la différence des principes appliqués dans l'un et dans l'autre système; elle ne peut donc se trancher qu'en discutant ces principes comme nous l'avons fait en établissant la distinction fondamentale des auteurs et des auxiliaires, et c'est pourquoi la première opinion nous paraît devoir être adoptée.

Il est clair enfin que, si par suite d'une circonstance fortuite le délit est arrêté dans le cours de son exécution et réduit aux proportions d'un délit manqué ou même d'une simple tentative, la peine de la tentative ou du délit manqué sera seule applicable aux auteurs et complices, et à chacun dans la mesure de la responsabilité qu'il aura assumée.

Tous les associés, au contraire, ont persévéré dans leur intention première, et le crime a été exécuté dans toutes les conditions constitutives de la complicité, mais avec des circonstances aggravantes ou atténuantes dérivant du chef de l'un des complices : quelle sera l'influence sur les autres complices de ces atténuations ou aggravations?

Ces circonstances aggravantes ou atténuantes se distinguent en deux classes. Les premières, affectent la culpabilité personnelle de l'agent; ce sont, par exemple, la récidive, l'âge, ou des actes émanés de l'agent seul et postérieurs à l'accomplissement du délit, et, en général, toutes les considérations abandonnées à la prudence du juge pour la mesure de la culpabilité individuelle. Sur celles-ci aucune difficulté n'existe et ne saurait exister ; chacun répond et répond seulement de ce dont il est coupable.

Les causes d'aggravation ou d'atténuation de la seconde classe sont celles qui affectent la criminalité de l'acte lui-même, au point de transformer quelquefois un délit en un autre. C'est ici que de nombreuses controverses se présentent et rappellent à une étude sérieuse des principes.

La clarté de la discussion exige encore une distinction. L'origine de ces causes d'aggravation peut se trouver dans les circonstances de l'action elle-même, ou bien dans les qualités personnelles de l'agent.

Au premier cas une difficulté se présente relativement à l'auteur intellectuel. Lui fera-t-on supporter les conséquences d'actes qu'il n'avait pas conseillés, qu'il n'avait pas prévus, et dont la gravité l'aurait peut-être fait reculer s'il les avait soupçonnés ? Certains criminalistes voient dans l'association qui l'unit aux exécuteurs une rigueur suffisante pour établir une solidarité sans limite entre eux et lui ; cause première du crime il en doit supporter toutes les conséquences; et c'estéquitable, puisque cette même solidarité, il l'invoquera pour se faire absoudre ou pour obtenir une réduction de peine, si le délit, par suite d'une cause quelconque, n'a pu être accompli, ou n'a pu l'être qu'incomplétement.

Rossi, avec la hauteur de vue qui caractérise ses appréciations, a victorieusement combattu cette thèse dans une analyse faite à l'aide des principes de l'imputabilité pénale, au nom de la justice qui exige que l'on rende à chacun selon ses œuvres, et au nom de l'intérêt social qui ne veut pas qu'un châtiment impopulaire devienne le motif d'un acquittement injuste.

Mais l'hypothèse du mandat, sous laquelle l'éminent criminaliste discute cette grave question, l'entraîne dans un autre sens à établir des distinctions qui, exactes en droit civil, ne me semblent plus autorisées en droit pénal. C'est bien ici le cas de remarquer les conséquences fâcheuses des théories et des classifications arbitraires: l'érudition séparée des principes engendre parfois des erreurs, et celle de nos anciens légistes auteurs de ces distinctions, fermait trop souvent les yeux aux lumières de la raison, pour s'en tenir à l'interprétation judaïque des textes.

Quoi qu'il en soit, Rossi distingue entre l'aggravation résultant du choix des moyens et celle résultant de la transformation du but proposé par le mandant; et tandis que, dans ce dernier cas, il recherche avec raison si le mandant a pu prévoir la transformation et l'aggravation du délit, au premier cas, il s'arrête à l'autorité des instructions données et efface toute complicité quant aux aggravations résultant du changement des moyens.

Cette interprétation de la volonté du mandant ou auteur intellectuel me semble inadmissible en droit pénal, et je crois qu'il est plus juste et plus simple de dire en règle générale: si l'auteur n'a voulu le délit qu'à la condition formelle que la circonstance ne se produirait pas, ou s'il n'a pu dès le début en reconnaître la possibilité ou la nécessité pour le succès de son entreprise criminelle, alors seulement il ne devra pas être enveloppé dans la complicité des aggravations. Cette décision est conforme au caractère de la situation qu'un criminel se fait à l'égard de la société; elle répond aussi à un intérêt réel de répression: à ces deux titres, elle est d'accord avec tous les principes de la matière.

Quant à tous les autres complices que l'auteur intellectuel, aucun doute n'existe sur leur participation à la responsabilité de ces faits et circonstances aggravantes, tenant à des modalités de l'acte lui-même. Tous ceux qui ont pris part sciemment à un acte coupable se sont constitués, dans toute la portée de l'expression, complices de cet acte tel qu'il se comporte. La difficulté qui existait pour l'auteur intellectuel, et qui consistait dans la détermination et l'appréciation du fait intime de conscience essentiel à sa responsabilité, n'existe plus ici; car, des deux situations seules possibles, la connaissance et la non-connaissance des faits aggravants, l'une est aussi nette et aussi facile à déterminer que l'autre.

Mais l'origine des causes d'aggravation peut encore se trouver dans les qualités personnelles de l'agent. Sur ce point, la solution, dès l'abord, me paraît pas douteuse. Il semble évident que les qualités personnelles sont essentiellement propres à leur sujet et ne peuvent motiver aucune aggravation ni atténuation pour un autre que lui. C'est ainsi qu'on remarque avec toutes les apparences de l'exactitude la plus parfaite que, si le complice d'un parricide témoigne d'une perversité plus grande que le complice d'un simple assassinat, il ne tue cependant pas son père et ne commet pas par suite un parricide. Tel est en effet le raisonnement de la plupart des criminalistes sur cette important problème.

Les principes conduisent pourtant à une tout autre solution. Le parricide est incontestablement un crime plus grave qu'un assassinat ordinaire, et quelle qu'en soit la cause, c'est là un fait constant, hors de doute, de même que le faux commis par un officier ministériel est plus grave que le faux commis par un simple particulier. Par conséquent celui qui sciemment aide un fils à tuer son père, un notaire à falsifier ses minutes, témoigne d'une perversité plus grande et s'associe à un crime plus grave que celui qui prêterait secours à un assassin ou à un faussaire ordinaire. En d'autres termes, les qualités personnelles dont il s'agit ici, influant sur la criminalité du fait, constituant l'un des éléments de son incrimination et l'élevant dans l'échelle des crimes ou des délits, le complice s'associe à un crime ou à un délit plus grave, et doit supporter les conséquences pénales de cette aggravation. La seule distinction qu'il importe en effet d'établir ici, doit être faite entre les circonstances influant sur le caractère de l'acte et celles n'influant que sur la culpabilité personnelle de l'agent. Or, si le complice du parricide est certainement plus coupable que tout autre, c'est uniquement parce que la qualité de son associé aggrave le fait en lui-même. Dès lors, complice d'un fait plus grave, il doit subir une peine plus grave.

Mais cette décision rigoureuse ne doit pas être appliquée sans discernement. La justice exige que, pour l'aggravation, comme pour le délit en lui-même, on tienne compte des degrés que comporte la complicité; et, dès lors, tandis que l'agent principal ou auxiliaire, en la personne duquel réside la qualité aggravante, subira toujours et entièrement le surcroît de peine, son complice, quel qu'il soit d'ailleurs, ne subira ce surcroît qu'avec un tempérament tenant à ce que, relativement à la qualité qui n'est pas en lui, son rôle n'a pu être qu'accessoire.

L'étude des qualités personnelles à l'un des agents conduit encore à se demander quelle est l'influence des excuses existant du chef de l'un des complices. La solution est simple. Il faut distinguer entre les excuses modifiant la culpabilité personnelle de l'agent et celles modifiant la criminalité pénale du fait. Ainsi, tandis que le complice d'un vol commis par un mineur de seize ans, sera condamné comme voleur, le complice d'un suicide ne sera pas punissable.

Ce dernier point a pourtant donné lieu à controverse dans la pratique. C'est une question que j'examinerai plus loin. Mais, dès à présent, il me semble que les principes de la science rationnelle la résolvent dans le sens de la négative, pourvu toutefois qu'il ne s'agisse que d'une simple assistance et non pas d'actes qui, abstraction faite des intentions de la victime, constitueraient un assassinat.

Enfin, s'il est jugé que la personne accusée comme auteur n'est pas coupable, ou si elle est en fuite ou prédécédée, le complice pourra-t-il être condamné? En principe, certainement oui; car la déclaration de non-culpabilité, pas plus que la fuite ou le prédécès de l'auteur, ne supprime nécessairement le délit ni l'auteur du délit, mais peut avoir uniquement pour effet de reconnaître que l'auteur n'est pas celui qui était accusé comme tel. Le complice n'en est pas moins par là complice d'un auteur, si le délit est d'ailleurs constant, et l'acquittement de son coaccusé ne peut être pour lui un motif de renvoi.

Mais, à l'inverse, si c'est le fait qui est déclaré non constant, comme il n'y a pas de complicité sans délit, pas plus que de criminel sans crime, aucune condamnation ne peut être en pareil cas prononcée.

Pour achever la discussion complète des principes de la complicité, au point de vue de la science rationnelle, il nous reste à parler des faits criminels qui, se produisant postérieurement au délit, en constituent pour ainsi dire l'epilogue. L'existence de ces faits nouveaux étant nécessairement subordonnée à la réalisation du délit principal, il s'ensuit que le lien de connexité existe évidemment entre eux. Mais, la complicité supposant essentiellement unité du délit, le lien qui unit les acteurs de l'épilogue à ceux du drame ne peut être un lien de complicité.

Cependant l'opinion contraire avait autrefois de nombreux adhérents. Elle a depuis lors été réfutée plus d'une fois et particulièrement de la manière la plus précise et la plus complète par Rossi, auquel nous ne faisons qu'emprunter la substance des observations suivantes.

Ces faits postérieurs sont des actes purement moraux ou des actes matériels. Parmi les premiers on a pris pour exemple la ratification de l'acte criminel commis, et, l'idée du mandat civil aidant, on en est arrivé à dire : *In maleficio, ratihabitio mandato æquiparatur*; brocard en apparence d'autant mieux établi que le commentaire d'Ulpien sur l'édit du préteur le formule en toutes lettres. On a cependant restreint quelque peu la portée de la règle, et le délit d'adultère a été particulièrement écarté de son application. Il était en effet absurde, sinon ridicule, d'admettre qu'un pareil crime put se commettre par procuration.

Les principes, la science même dont elle invoque l'autorité, la logique enfin, démontrent clairement l'erreur de cette doctrine.

Quelle que soit en effet la perversité de celui qui, se réjouissant de l'accomplissement d'un crime, prétend même en assumer s'il le faut toute la responsabilité, il est impossible que cette responsabilité pèse sur lui. Si entière que soit sa ratification, si bien déterminée que soit sa volonté, rien ne pourra faire qu'il ait commis le crime, s'il est d'ailleurs resté étranger à sa perpétration; et, dès lors, il est inadmissible qu'il en subisse la peine d'une manière quelconque.

La science trouve encore une objection sérieuse à faire au système, en refusant en droit pénal toute autorité au texte d'Ulpien. Ce texte s'explique admirablement en droit civil, relativement à la responsabilité pécuniaire du dommage causé. Si en effet un délit a été commis au préjudice de quelqu'un, et que, prenant pour moi le bénéfice de cette opération criminelle, je l'approuve, c'est absolument comme si je ratifiais après coup une vente ou un achat fait d'ailleurs sans ma participation. En droit civil, aucune différence n'existe entre les deux hypothèses, et c'est pourquoi Ulpien a pu dire: *In maleficio, ratihabitio mandato æquiparatur*. En droit pénal, au contraire, tout au plus pourrait-on incriminer ces actes comme délits spéciaux. Encore, le législateur devrait-il examiner avec soin si la recherche et la poursuite de semblables faits n'aurait pas souvent plus d'inconvénients et de dangers que leur impunité. Or, rien ne prouve que le jurisconsulte romain ait eu la pensée de décider contrairement à cette règle de bon sens et de justice. Donc, et comme d'ailleurs la maxime répond à un sens aussi important que certain, il ne faut pas l'expliquer à un point de vue qui lui est complétement étranger.

La logique enfin me semble s'accommoder difficilement des restrictions que le bon sens le moins sévère commande d'apporter au principe posé par la doctrine contraire ; et c'est encore un motif pour la rejeter.

Les actes postérieurs au crime peuvent encore être des actes matériels tels que, le recel des objets volés ou des instruments du crime, la soustraction de l'auteur aux recherches de la justice. Mais ceux-ci, pas plus que les autres, ne remplissent les conditions de la complicité. Nous supposons en effet qu'aucune promesse faite à l'avance n'a assuré l'exécution du crime et que leur origine morale comme leur manifestation physique est postérieure au crime. Leur criminalité doit être d'ailleurs extrêmement différente de celle du délit, et le but que se proposaient leurs auteurs est toujours différent de celui des auteurs du crime même. Il serait en effet absurde de dire que ces actes qui lui sont postérieurs ont été accomplis dans l'intention de le commettre ou d'en assurer l'exécution. Or, la communauté dans l'intention, comme l'unité dans l'acte, est essentielle à l'association de complicité.

Par conséquent, il est clair que les faits matériels dont nous parlons ne peuvent être une cause de complicité entre leurs auteurs et ceux du délit.

Mais il y a un intérêt réel à distinguer ces actes matériels des actes simplement moraux, car ils doivent nécessairement tomber sous l'application de la loi pénale. Faits criminels, dont la manifestation extérieure a causé un préjudice incontestable à l'ordre social, ils doivent être punis. Toutefois, ils ne le seront pas en conséquence des règles de la complicité. Le lien de connexité qui existe au contraire entre eux et le délit entraînera l'application du principe de l'unité de procédure et, s'il y a lieu, l'aggravation résultant d'un cumul de délits, par exemple comme chez le complice du vol, recéleur des objets, ou encore celle résultant de la gravité même du délit principal, dont il ne faut pas perdre de vue l'influence sur la criminalité des faits qui nous occupent. Mais ce rapport, si étroit qu'il soit entre les deux séries de faits, ne laissera place à aucune assimilation entre les auteurs respectifs du crime et des actes postérieurs au crime.

C'est ici que nous terminerons l'examen des principes de la complicité d'après cette philosophie du droit pénal que l'usage a nommée la science rationnelle. Ils serviront de guides à nos appréciations dans l'étude des lois positives, et, plus d'une fois, ils ne manqueront pas de nous éclairer dans les nombreuses difficultés qui divisent la jurisprudence comme la doctrine sur les questions délicates soulevées par la pratique.

DE LA COMPLICITÉ

EN DROIT POSITIF

PREMIÈRE PARTIE

—

DROIT ROMAIN

Le droit pénal chez les Romains dérivait des mêmes sources que le droit civil. Les nombreux commentaires des jurisconsultes investis du *jus respondendi* avaient leur autorité comme les lois votées par le peuple et comme les autres dispositions émanées des autorités compétentes. Nous retrouverons par suite dans le cours de cette étude sur le droit pénal l'esprit méthodique des doctrines relatives au droit civil ; en outre, à raison de la nature des matières, qui ressortent principalement du sens moral et sur lesquelles peu de principes ont été formulés par les législateurs, nous verrons les jurisconsultes aux prises avec la raison naturelle elle-même, et l'examen critique de leurs décisions n'en présentera que plus d'intérêt.

Nous avons groupé en trois chapitres l'exposition de la théorie romaine sur la complicité. Le premier traite de la complicité réelle, c'est-à-dire des faits qui, remplissant par eux-mêmes les conditions constitutives de l'association criminelle, sont définis et compris sous des formules générales dont l'application est abandonnée au juge. Le second chapitre relatif à la complicité fictive étudie les faits spécialement désignés par la loi comme suspects de complicité ; c'est un système propre aux Romains et qui ne se retrouve plus dans la législation actuelle. Enfin, sous le nom de complicité spéciale, nous caractériserons les faits de recel qui, postérieurs à l'accomplissement du crime ne peuvent que lui être connexes, mais qui, par une erreur commune à bien des législations, ont été classés en droit romain parmi les faits de complicité.

Nous compléterons cet exposé par le développement des conséquences pénales des différents modes de complicité.

CHAPITRE I

COMPLICITÉ RÉELLE

La complicité réelle a été étudiée par les jurisconsultes Romains sous les formes du conseil, de l'ordre, du mandat et de l'assistance matérielle. Les préoccupations du droit civil dominantes chez eux, jointes à cet esprit de système qui prétendait tout classer et tout dénommer, les avaient conduits à cette division arbitraire, sur le mérite de laquelle nous ne reviendrons pas.

SECTION PREMIÈRE

Complicité par conseil

La loi XVI, *De Pœnis*, au Digeste, faisant une classification des délits, distingue les *facta* et les *consilia*. Le jurisconsulte, dans cette dernière classe, donne pour exemples *conjurationes et latronum conscientia*, et complète l'expression de sa pensée, en ajoutant : *quosque alios suadendo juvasse sceleris est instar*. La loi XV, § 8, *De Injuris*, dit encore : *Fecisse convicium non tantum is videtur qui vociferatus est, verum is quoque qui conci-*

tavit ad vociferationem alios, vel qui summisit ut vociferentur.

A l'aide des principes généraux de la complicité, incontestablement aussi vrais à l'époque de Claudius Saturninus et d'Ulpien qu'aujourd'hui, il est aisé de découvrir sous le voile de ces mots et de ces exemples la complicité morale de celui qui, ayant conçu l'idée du crime, persuade à autrui de l'exécuter, et de celui qui, s'associant aux délibérations préparatoires des auteurs d'un crime, y apporte en connaissance de cause le secours de ses propres facultés. Dans ces deux personnages se reconnaissent le coauteur intellectuel et l'auxiliaire intellectuel agissant par voie de conseil. L'horizon s'éclaircit encore, lorsque, dans une foule de textes, on voit condamner d'une manière générale tous ceux qui *ope aut consilio* ont agi dans un but criminel réalisé par d'autres, Ulpien nous donnant d'ailleurs la définition suivante du *consilium : Consilium dare videtur qui persuadet atque impellit atque instruit consilio ad furtum faciendum* (1). C'est bien là dans toute sa clarté la définition du complice intellectuel, soit coauteur, soit auxiliaire. La persuasion, l'entraînement, l'assistance de simples avis, tels sont en effet les actes auxquels se réfère le jurisconsulte, et que nous devrons considérer comme constituant la complicité par conseil.

(1) 50, § 3, *De Furtis*; *Conf.* 12, Dig., XLVIII, 5.

Mais de ce que le *consilium* est si clairement défini par Ulpien, de ce que la science rationnelle trouve dans cette définition les conditions de la complicité, de ce que les jurisconsultes s'accordent pour classer ce fait parmi les faits punissables, de toutes ces remarques, suit-il nécessairement que le *consilium* à lui seul tombe toujours sous l'application des peines édictées par la loi positive à Rome? Un doute, au premier abord très-sérieux, s'élève en présence de différents textes, et parmi les rares criminalistes qui se soient occupés de cette question dans les temps modernes, il en est qui se décident pour la négative et prétendent que le *consilium* non accompagné d'une assistance manifestée dans des actes extérieurs ne suffit pas à baser la complicité. Ulpien dit en effet dans une formule générale : *Nec enim qui alicui malum consilium dedit furtum facit* (1) ; ce qui est en effet conforme au principe posé par Gaïus dans la loi II, *Mandati vel contra*, en ces termes : *Nemo ex consilio obligatur*. Ce principe, refusant aux yeux de la loi toute influence à un conseil, semble bien rejeter par là même toute la responsabilité de l'acte sur celui qui l'a accompli. La force de cet argument se trouve corroborée par un autre texte du Digeste, qui, après avoir exprimé un doute sur la question, et après l'avoir résolue il est vrai dans le sens de l'affirmative, se contredit et admet, suivant les décisions adoptées à une époque anté-

(1) 36 pr. Dig., *De Furtis*.

rieure, que le *consilium* par lui seul ne constitue pas un fait de complicité pénale : *Et sane post veterum auctoritatem eo perventum est, ut nemo ope videatur fecisse, nisi et consilium malignum habuerit ; nec consilium habuisse noceat, nisi et factum secutum fuerit*(1). Ajoutons enfin dans le sens de cette opinion que la plupart des textes (2) qui caractérisent la complicité par conseil exigent qu'elle se soit manifestée *ope*, c'est-à-dire dans des actes d'assistance matérielle, aux termes de la définition qu'Ulpien donne de cette expression à la suite de celle du *consilium* dans la même loi L, § 3, *De Furtis*.

Ces arguments, tout spécieux qu'ils soient, sont pourtant loin de nous décider. Mais, pour les réfuter clairement, il nous importe d'insister d'abord sur les caractères du *consilium*.

La science rationnelle, dans la définition du complice, entre autres conditions, en exige expressément deux, 1° l'intention criminelle du complice, 2° la réalisation effective de cette intention. Or, un examen attentif des textes relatifs à la complicité par *consilium* conduit à constater la même exigence chez les jurisconsultes Romains. C'est ainsi que la loi XXXVI, *De Furtis*, après avoir posé ce principe que le *malum consilium* ne constitue pas par lui-même un fait de complicité, ajoute : *Sed si*

(1) 53, § 2, *Verb. signif.*
(2) 1, Dig., XLVIII, 8 ; 10, Cod. ; 36 pr., *De Furtis* ; etc.

alius ei fugam persuaserit ut ab alio subripiatur furti tenebitur is qui persuasit. Ailleurs encore, et de la manière la plus explicite et la plus générale, le même Ulpien, confirmant l'opinion d'un autre jurisconsulte, dit en propres termes : *Recte Pedius aït, sicut nemo furtum facit sine dolo malo, ita nec consilium, vel opem ferre sine dolo malo posse* (1). Une foule d'autres textes exigent aussi nettement l'intention criminelle et nous aurons occasion d'y revenir, en étudiant en détail cette condition du *consilium.*

Le Digeste n'est pas moins explicite sur la seconde condition que doit remplir le *consilium* pour être un fait de complicité. La loi XVIII, *De Pœnis*, pose en effet cette règle dictée par le bon sens, lorsqu'on se place au point de vue de la perversité humaine : *Cogitationis pœnam nemo patitur.* La loi I, *De Furtis*, après avoir donné la définition du vol en conclut : *Inde sola cogitatio furti faciendi non facit furtum*, décision confirmée par la loi III, § 18, *De adquirenda vel amittenda possessione*, qui s'appuie sur le motif suivant, *quia furtum sine contrectatione fieri non potest nec animo furtum committitur.* C'est pourquoi Ulpien nous dit ailleurs (2) : *Et opem ferre vel consilium dare tunc nocet. cum secuta est contrectatio*, Paul posant en règle générale : *Sane post veterum auctoritatem eo*

(1) 50, § 2, *De Furtis.*
(2) 52, § 19, *De Furtis.*

perventum est ut nemo consilium habuisse noceat, nisi et factum secutum fuerit (1).

Ces remarques une fois faites, la solution du problème que nous avons énoncé plus haut ne peut être incertaine. La loi XXXVI *De Furtis*, si l'on veut bien prendre la peine de la lire en entier, s'explique parfaitement, ainsi que la maxime générale d'Ulpien. Dans le cas où se place le jurisconsulte, s'il n'y a pas eu de complicité par conseil, c'est qu'il n'y a pas eu vol ; car l'esclave qui s'est enfui n'a pu se voler lui-même, et, par hypothèse, personne ne s'en est emparé (2) ; il n'y a pas plus vol, ajoute même le jurisconsulte, que si on lui avait persuadé de se tuer, en se poignardant ou en se noyant ; *hæc enim furti non admittunt actionem.* A la suite de cette observation, Ulpien pose la condition de dol dans les termes que nous avons vus plus haut, puis il revient à la fin du paragraphe sur son observation première relative à la nécessité de réalisation du délit, en rapportant la pensée de Pomponius : *Plus Pomponius*, etc. Rien n'est alors plus simple ni plus conforme aux principes que la décision de la loi XXXVI et ce n'est pas elle qui nous empêchera de considérer le *consilium* comme constituant un fait de complicité, s'il en remplit d'ailleurs les conditions essentielles. Le principe de la loi II *Mandati*, *nemo ex consilio obligatur*, ne

(1) 53, § 2, *Verb. signif.*
(2) Pothier, *Pand.*, XLVII, 1, n° 71.

nous gênera pas davantage ; c'est une disposition de droit civil pur. La loi qui la renferme s'occupe uniquement de la force obligatoire que peut avoir pour le mandataire le mandat qui lui est donné dans différentes circonstances. L'intérêt civil et pécuniaire sert uniquement de base à ses décisions, et il est impossible à moins d'un texte formel de transporter en notre matière de droit pénal des principes qui lui sont aussi étrangers par leur origine que par leur esprit.

Quant à la loi LIII, § 2, *Verb. signif.*, après avoir émis un doute sur la question, et l'avoir tranchée dans le sens de l'affirmative, elle ne se contredit nullement dans sa dernière partie lorsqu'elle dit : *Nemo ope videatur fecisse nisi et conilium malignum habuerit* ; elle se sert uniquement de l'expression *consilium* pour désigner l'intention, et affirme seulement la nécessité d'une intention criminelle chez celui qui prête assistance à l'exécution d'un délit (1). Il n'est pas rare, et notre langue nous en donne de nombreux exemples, de voir un même mot employé dans des acceptions toutes différentes. C'est ainsi que le mot *consilium* a été dans l'espèce détourné de son sens technique, pour en signifier un autre, dans lequel il est d'ailleurs fort usité. Au reste, l'épithète de *maliguum* qui lui est ajoutée suffit à indiquer qu'on ne le prend pas dans un sens absolu, et que par conséquent il ne

(1) Pothier, *Pand*, L, 17, n° 1303.

peut se rapporter au *consilium*, fait générateur de la complicité.

Enfin, les nombreux textes qui parlent constamment *de eo quod ope consilio factum sit*, et semblent exiger ainsi comme condition constitutive de la complicité la réunion de l'*ops* au *consilium*, trouvent leur explication dans cette même loi LIII, § 2, *Verb. signif.*, qui nous fournit, outre la dernière réfutation du système contraire, la confirmation du nôtre, en disant : *Sed verius est quod Labeo ait, separatim accipienda, quia aliud factum est ejus qui ope, aliud ejus qui consilio furtum facit.*

Mais ce texte, si important qu'il soit, n'est pas le seul qui vienne démontrer la séparation de l'*ops* et du *consilium*. Un grand nombre d'auteurs l'expriment formellement, et tous ceux que nous avons consultés seraient inexplicables dans le système contraire. C'est ainsi que nous lisons dans les Sentences de Paul (1) : *Non tantum qui furtum fecerit, sed etiam is cujus opera aut consilio furtum factum fuerit, furti actione tenetur*; et au Digeste : *Si quis uxori res mariti subtrahenti opem consiliumve accommodaverit, furti tenebitur* (2).

La séparation entre l'*ops* et le *consilium* nous semble ainsi prouvée d'une manière absolue et par les textes les plus irrécusables. Nous sommes donc autorisé à dire que

(1) Paul, *Sent.*, II, 31, § 10.

(2) 52, Dig. pr. *De Furtis*; *Conf.*, 1, § 4, *De Servo corrupto*; 11, § 6, *De Injuriis*; 50, § 4, *De Furtis*; 16 pr. *De Pœnis*.

le *consilium* suffit par lui seul à établir la complicité d'après les lois romaines, comme d'après les principes généraux du droit pénal rationnel.

Il ne serait pas maintenant sans intérêt d'étudier avec plus de détails les caractères essentiels dont la loi romaine exige la réunion pour que ce procédé d'association criminelle produise ses conséquences pénales. Aussi bien, cette forme du *consilium* nous parait-elle dans sa généralité mieux répondre que toute autre à la nature intime des faits constitutifs de la complicité morale, et mériter à ce titre une plus grande attention.

Deux de ses conditions essentielles nous sont déjà apparues dans l'intention criminelle que doit avoir l'instigateur, et dans l'exécution qui doit effectivement répondre à cette intention.

Sur la première, il est à remarquer qu'elle ne peut être réalisée que par une personne intelligente ou tout au moins *doli capax*, et c'est pourquoi le jurisconsulte Javolénus dit formellement : *Nemo opem aut consilium alii præstare potest, qui ipse furti faciendi consilium capere non potest* (1).

L'intention criminelle doit en outre avoir été relative au délit : c'est ce qui ressort de la décision donnée par Marcien dans la loi LXII, *De Furtis*, qui dit d'une manière absolue, sans s'arrêter aux faits qui ont pu se pro-

(1) 90, § 1, Dig., *De Furtis*.

duire ultérieurement : *Furtum non committit, qui fugitivo iter monstravit*. En déterminant ailleurs le caractère de l'intention criminelle, Ulpien dit plus justement que, si cette intention doit certainement avoir été de nuire à autrui, peu importe qu'elle ait été accompagnée du désir de profiter du délit, quand même un profit aurait été réalisé par les complices de l'instigateur : *Ope consilio furtum factum, Celsus ait, non solum si idcirco fuerit factum ut socii furarentur: sed etsi non ut socii furarentur, inimicitiarum tantum causa fecerit* (1).

Toutefois, dans cette loi XXXVI, *De Furtis*, qui nous a déjà tant occupé, Ulpien, confirmant l'opinion de Pomponius, qu'il cite du reste comme rigoureuse, dit que le simple conseil donné à un esclave de s'enfuir, conseil mis d'ailleurs à exécution, peut donner lieu à une complicité de vol, si plus tard quelqu'un s'empare de cet esclave ; et cette décision ne suppose en aucune façon l'idée du vol chez l'instigateur, mais tout au plus l'intention générale de faire prendre l'esclave. Elle ne fait cependant pas échec à celle de Marcien sur laquelle nous venons de nous appuyer, car celle-ci se réfère à une tout autre hypothèse. Marcien, en effet, ne suppose pas l'intention frauduleuse de faire prendre l'esclave ; il suppose tout au plus celle de le dérober aux poursuites de son maître. La comparaison entre les deux textes montre seulement l'esprit

(1) 50, § 1, *De Furtis*.

tout différent qui a inspiré Ulpien d'une part et Marcien de l'autre, chacun dans son espèce. La logique du second me paraît préférable à la sévérité du premier.

Enfin, en exigeant le *dolum* chez l'instigateur, les jurisconsultes ont toujours soin de lui donner l'épithète de *malum*. C'est qu'en effet, en droit romain, on distinguait le *dolum bonum* et le *dolum malum*. *Non fuit autem contentus prætor dolum dicere, sed adjecit malum: quoniam veteres dolum etiam bonum dicebant, et pro solertia hoc nomen accipiebant: maxime, si adversus hostem latronemve quis machinetur* (1). Or, cette distinction nous conduit à remarquer que, toute manœuvre frauduleuse étant admise à l'égard d'un brigand ou d'un ennemi de l'État, la complicité est impossible dans le cas où il se produit à leur préjudice un acte, coupable en lui-même, mais qui, à raison du dol autorisé par la loi, échappe à toute sanction, et devient à ses yeux un acte d'adresse ou même de vertu.

Mais, indépendamment des deux caractères que nous avons étudiés, le *consilium* doit en présenter un troisième, non moins essentiel que les deux précédents, et qui constitue plus particulièrement le lien de la complicité. Il apparaît dans la définition que donne Ulpien : *Consilium dare videtur qui persuadet, atque impellit, atque instruit consilio ad furtum faciendum.* Les trois

(1) 1, § 3, Dig, *De Dolo malo*.

expressions dont il se sert ont toutes trois ce caractère particulier d'énergie d'impliquer une action et une action impulsive de l'instigateur sur l'exécuteur ; elles nous le montrent sollicitant jusqu'à persuader, excitant jusqu'à entraîner, donnant des avis jusqu'à les imposer comme des instructions, en sorte qu'il devient pour ainsi dire comme le moteur de l'activité intelligente et libre à laquelle il s'adresse. Et tel est, en effet, aux yeux de la science le lien nécessaire entre le complice intellectuel et l'auteur matériel. Aussi, Pothier reconnaît-il en droit romain, et reconnaissons-nous avec lui la nécessité de cette troisième condition, en citant la remarque suivante qu'il fait sur la définition d'Ulpien : « *Secus de eo qui aliquem* « *jam furari paratum hortaretur simpliciter adjuvandum, laudaretque ejus propositum* (1). »

La science rationnelle, en déterminant les conditions de la pénalité humaine, exige pour qu'elle soit mise en jeu qu'un acte matériel se soit produit, qui, outre sa criminalité, ait porté une atteinte effective à l'ordre social. Le droit romain, nous l'avons vu, proclamait aussi ce principe. La loi XVIII, *de Pœnis*, nous dit, en effet : *Cogitationis pœnam nemo patitur* ; et par conséquent, toute association à un fait pareil, si coupable d'ailleurs qu'il pût être, était aussi à l'abri de la justice pénale à Rome. Toutefois, le cas spécial de complot contre la sûreté de

(1) Pothier, *Pand.*, XLVII, 2, n° 68.

l'État constituant un délit particulier prévu par la loi, contrairement il est vrai au principe ordinaire, mais à raison de sa gravité et du danger qu'il fait courir à la société, toute participation à cet acte devient un fait de complicité, et à ce titre est puni par la loi. C'est ainsi que décident plusieurs textes du Digeste et du Code, que nous nous bornons à citer (1).

Telles étaient les règles suivies par la législation antérieure à Justinien sur la complicité par *consilium*. Les Institutes ont donné lieu à quelques difficultés qui méritent d'attirer l'attention. Nous y lisons d'abord : *Certe qui nullam opem ad furtum faciendum adhibuit sed tantum consilium dedit atque hortatus est ad furtum faciendum, non tenebitur furti* (2).

Trois opinions se sont produites sur l'interprétation à donner à ce texte. Les uns ont dit qu'il devait être entendu en ce sens que le *consilium* non suivi d'exécution ne peut motiver une action criminelle ; ce serait donc une pure et simple reproduction de la seconde des trois conditions exigées pour que le *consilium* puisse donner naissance à la complicité, conformément aux lois LIII, § 2, *De verb. signif*, XXXVI pr. et LII, § 19, *De Furtis*.

Vinnius propose une autre explication. Selon lui, le mot *consilium* peut être pris dans trois acceptions différentes,

(1) 1 et 3 pr., Dig., *Ad Leg. Jul. de vi publicâ*; 5, Code, *Ad Leg. Jul. Majestatis*.
(2) *Inst.*, IV, I, § 11.

outre son sens ordinaire ; quelquefois, nous dit-il, on entendait par là *malum propositum,* et c'est ainsi que nous avons déjà interprété la fin de la loi LIII, § 2, *De verb. sign.*. D'autres fois on prenait le conseil *pro simplici suasione seu monitione,* et c'est dans ce sens que Vinnius croit qu'il a été employé par Justinien ; dans ce cas, la troisième condition que nous avons fait ressortir de la définition du *consilium* donnée par Ulpien n'étant pas remplie, il est clair que celui de qui il émanait ne pouvait être puni comme complice d'un vol auquel il n'avait pas effectivement participé.

Dans une dernière opinion enfin, qui paraît être celle de MM. Chauveau et Hélie, on soutient que les Institutes ont ouvert une nouvelle voie dans la législation, ne voulant plus qu'on fut incriminé pour un simple *consilium,* donné sans assistance matérielle. La grande controverse que nous avons vidée au début de cette étude et qui paraissait couver déjà au temps des jurisconsultes classiques aurait donc été tranchée par Justinien contrairement à l'opinion générale des prudents.

Nous écarterons dès l'abord ce dernier système qui, laissant subsister notre théorie sur la portée du *consilium,* met Justinien en une singulière contradiction avec lui-même. Ce n'est en effet que postérieurement aux Institutes, un mois après celles-ci, que le Digeste fut publié et confirmé par lui. Une semblable contradiction serait d'autant plus inexplicable qu'elle aurait pour effet d'établir une législation absolument contraire à l'esprit rigoureux de la pénalité à l'époque impériale. Enfin, on peut dire qu'avant de s'arrêter à une opinion aussi radicale, il serait plus prudent et plus juridique d'examiner si les principes ordinaires ne suffisent pas à expliquer la décision de Justinien.

Le premier et le second système nous paraissent tous deux répondre à cette pensée, tous deux sont basés sur des observations exactes; mais nous croyons pourtant devoir nous ranger à l'opinion de Vinnius. La rédaction absolue du texte ne nous paraît pas se plier à la distinction d'ailleurs fort juridique présentée par le premier système. Dès lors, nous dirons, nous appuyant encore sur l'autorité de Pothier, que le § 2 signifie tout simplement que le simple conseil, n'ayant exercé aucune action sur l'agent ou ne lui ayant apporté aucun secours, ne peut constituer un fait de complicité. C'est la confirmation du troisième caractère essentiel que nous avons reconnu dans le *consilium* défini par Ulpien.

SECTION DEUXIÈME

Complicité par ordre.

Celui qui donne l'ordre de commettre un crime témoigne certainement d'une volonté plus énergique et plus perverse que celui qui se borne à le conseiller. Il exerce certainement aussi une influence bien plus directe sinon plus décisive sur la perpétration du crime, et, à tous ces titres, il mérite d'attirer sur lui les peines que l'intérêt social réclame. C'est encore un auteur intellectuel. Les jurisconsultes Romains l'ont compris, et ils ont formulé leur pensée d'une manière aussi générale que précise en disant: *Nilhil interest occidat quis an causam mortis præbeat* (1). C'est le principe qui nous guidera désormais dans l'étude des autres procédés de la complicité morale.

L'ordre constitue donc un fait de complicité; mais à quelles conditions et dans quelle mesure ?

MM. Chauveau et Hélie nous paraissent déterminer parfaitement le caractère de l'ordre. « Le commandement, « disent-ils, suppose l'autorité et l'obéissance: si cette « autorité n'existe pas, l'ordre n'a plus aucun poids; il « cesse d'être la cause déterminante, prochaine du crime; sa « criminalité disparaît avec sa puissance, ou du moins « on ne doit plus le regarder que comme un mandat ou « un conseil. » Tel est aussi en effet le caractère de l'ordre, considéré par les lois romaines comme engageant spécialement la responsabilité de celui qui l'a donné. *Liber homo si jussu alterius manu injuriam dedit, actio legis Aquiliæ cum eo qui jussit, si jus imperandi habuit; quod si non habuit cum eo agendum est qui fecit* (2).

(1) 15, Dig., XLVIII, 8.
(2) 37 pr., D., IX, 2.

Ailleurs encore, lorsqu'il s'agit non plus d'un homme libre, mais d'un esclave mis en œuvre par un ordre, les jurisconsultes distinguent avec soin s'il a été commandé par la personne ayant puissance ou autorité sur lui.

Mais si cette condition suffisait à engager la responsabilité du donneur d'ordre, laissait elle toujours place à un fait de complicité de sa part ? Nous savons en effet qu'à Rome, la personnalité de l'esclave s'absorbait le plus souvent dans celle de son maître, à tel point même que celui-ci pouvait être poursuivi civilement en réparation des délits de son esclave. Si donc l'esclave, obéissant à son maître a commis un délit, n'est-il pas raisonnable de penser que le maitre seul devra en répondre, l'esclave n'ayant été que l'instrument de sa seule volonté? Telle est en effet, à un point de vue du moins, la législation pénale de Rome.

Les jurisconsultes distinguaient entre les *levia vel atrocia delicta*. Pour les premiers, *ad ea quæ non habent atrocitatem facinoris vel sceleris ignoscitur servis, si vel dominis, vel his qui vice dominorum sunt (veluti tutoribus et curatoribus) obtemperaverint* (1). Dans le cas donc d'un *delictum leve,* le maître étant seul responsable, aux yeux de la loi romaine, il n'y avait pas à proprement parler complicité. C'est encore ce que dit la loi CLXIX, Dig., *De Regulis juris : Is damnum dat qui jubet dare ; ejus vero nulla culpa est cui parere necesse sit ;* et d'une ma-

(1) 157 pr , Dig., *Regulis juris.*

nière aussi claire que possible, Pothier confirme notre décision en ces termes : « *Circa id autem quod diximus,* « *servum ex suis delictis obligari, observandum, non vi-* « *deri servum delinquere in his quæ jussu domini facit.* « *Quod tamen de minoribus duntaxat delictis ac-* « *cipe* (1). »

Dans un autre passage, l'illustre interprète déterminant la portée de cette règle, nous dit : « *Trahe regulam ad* « *cætera levia delicta. In atrocioribus autem falsa regula* « *nec excusatur qui paruit, quantumvis subditur juri* « *ejus qui jussit* (2). » Nous revenons ici à la complicité. Il est curieux au sujet de cette distinction de remarquer le rapprochement d'idée qui existe entre la jurisprudence romaine et la théorie de notre Code pénal sur la division des faits criminels ; on voit en effet déjà écrite au Digeste, en toutes lettres, la classification en crimes et en délits qui est aujourd'hui l'une des bases de notre système pénal.

Si donc le fait coupable a l'atrocité d'un crime, l'esclave qui n'a pas su puiser dans sa conscience révoltée la force de repousser un ordre aussi odieux sera puni avec son maître. *Si jussu domini servus injuriam fecerit, utique dominus conveniri poterit etiam suo nomine. Sed si proponatur servus manumissus, placet Labeoni dandam*

(1) Pothier, *Pand.*, XLIV, 7.
(2) Pothier, *Pand.*, L, 17, n° 1282.

in eum actionem, quia et noxa caput sequitur, nec in omnia servus domino parere debet ; ceterum, et si occiderit jussu domini, Cornelia eum eximemus (1). C'est ce que nous trouvons confirmé au Code par l'empereur Valentinien, en ces termes : *Servos vero quos furoribus talibus paruisse constiterit metallo post sententiam dedi* (2).

En un mot, et pour nous résumer, la complicité ne résulte de l'ordre, que si le fait criminel ordonné est un *scelus atrox* ; au cas où il ne constitue qu'un *delictum leve*, le donneur d'ordre est seul coupable.

Cette dernière décision s'applique bien entendu et d'une manière générale à l'hypothèse dans laquelle l'exécuteur de l'ordre a agi sous l'empire d'une contrainte physique ou morale capable de détruire sa volonté. En ce cas, en effet, il a été réduit absolument au rôle de pur instrument, et le véritable comme le seul auteur du crime est à tous les points de vue le donneur d'ordre. C'est en ce sens que peut encore s'interpréter la loi CLXIX, Dig., *De Regulis juris*, déjà citée plus haut et conçue en ces termes : *Is damnum dat qui jubet dare ; ejus vero nullà culpa est, cui parere necesse sit.*

Il est de la nature de l'ordre de pouvoir être révoqué ; si donc un ordre criminel a été retiré à temps, toute par-

(1) 17, § 7, *De Injuriis, Conf.*, 20, Dig., XLIV, 7.
(2) 8, Code, IX, 12.

ticipation morale de la part de l'instigateur disparaissant, l'exécuteur reste seul coupable du crime s'il le commet, et aucune complicité n'existe. Cette remarque, dictée par le bon sens, est d'ailleurs confirmée par le texte suivant : *Sed ego quæro, an revocare hoc jussum, antequam credatur, possit ? Et puto, posse : quemadmodum si mandasset*, etc. (1). On remarquera peut-être que nous empruntons cette disposition à une partie du Digeste relative au droit civil ; nous ne croyons pas pourtant avoir détourné la règle de sa portée naturelle ; elle est uniquement du domaine moral, si je puis m'exprimer ainsi, et ne suppose nécessairement aucun intérêt civil ou pécuniaire en jeu.

SECTION TROISIÈME

Complicité par mandat.

Nihil interest occidat quis, an causam mortis præbeat (2). Nous avons vu déjà une application de ce principe à propos de l'ordre. Le mandat nous en fournit une nouvelle. *Mandator cædis pro homicida habetur*, ajoute en effet le premier paragraphe de la même loi. Cette décision,

(1) 1, § 2, Dig., xv, 4.
(2) 15, Dig., XLVIII, 8.

comme la règle dont elle découle, est absolument conforme à la raison morale des choses et d'accord avec la science rationnelle. Celui qui a donné mandat de commettre un crime réunit en effet toutes les conditions constitutives de la qualité d'auteur intellectuel ; promoteur de la résolution, il l'a communiquée et fait adopter à des complices qui l'ont exécutée; il n'en fallait pas davantage pour engager sa responsabilité comme auteur du crime. Ajoutons d'ailleurs que le mandataire, exécuteur du dessein d'autrui, est ici considéré comme ayant agi dans le plein et entier exercice de sa liberté ; sans doute il a subi l'influence du mandant, mais il lui était possible de fermer l'oreille à ses sollicitations. C'est pourquoi nous ne trouverons pas dans la loi romaine en faveur du mandataire les cas d'excuse et d'impunité dont elle accorde le bénéfice à l'exécuteur de l'ordre.

La complicité du mandant et sa qualité de coauteur du crime sont encore attestées par de nombreux textes du Digeste et du Code, parmi lesquels nous citerons les suivants. *Si mandatu meo facta sit alicui injuria, plerique aiunt tam me qui mandavi quam eum qui suscepit, injuriarum teneri* (1). *Non ideo minus crimine sive atrocium injuriarum judicio tenetur is qui in justam accusationem incidit, quia dicit alium se hujusmodi*

(1) 11, § 3, Dig., XLVII, 10; *Conf.*, 152, § 1, Dig., L, 17; 7, § 5, Dig., II, 1.

facti mandatorem habuisse. Namque hoc casu præter principalem reum mandatorem quoque ex sua persona convenire posse ignotum non est (1).

Aucun doute n'est possible sur l'exactitude de cette doctrine qui n'a jamais été l'objet d'une contestation. Mais c'est à propos du mandat que s'est présentée à l'esprit des interprètes du droit romain l'intéressante question de savoir, si l'instigateur doit être tenu de toutes les aggravations résultant du fait de l'exécuteur dans l'accomplissement du crime. C'est l'une des faces d'un problème plus général que nous avons résolu en science rationnelle. A raison de la situation réciproque des parties dans l'espèce du mandat, la question se pose ainsi : Le mandant est-il responsable de ce que le mandataire a fait en dehors des bornes de son mandat ?

A ne considérer que les règles du mandat, telles qu'elles sont formulées au Digeste, au titre *Mandati vel contra*, il faudrait répondre négativement : *Diligenter igitur fines mandati custodiendi sunt ; nam qui excessit aliud quid facere videtur* (2). Mais cette règle a été posée en vue d'intérêts civils, et ne peut s'appliquer à une matière criminelle. La situation du mandant est absolument différente d'un cas à l'autre. En matière civile, en effet, ce que le mandant a voulu et ce qu'il a prescrit de faire est

(1) 5, Code, IX, 2.
(2) 5 pr. *Mandati vel contrà.*

parfaitement licite et déterminé; aucune responsabilité ne peut en découler pour lui ; du moins, s'il en doit encourir une, elle est aisée à prévoir, à mesurer à l'avance, et peut s'apprécier en argent. Ce qu'il prétend faire se fait tous es jours ; tous les jours, le but auquel il tend est atteint ou peut l'être par d'autres. En matière criminelle au contraire, nous sommes en présence d'un fait illicite en lui-même, déterminé peut être et parfaitement défini dans la pensée du provocateur, mais certainement fort mal assuré dans ses moyens d'exécution et incertain dans ses conséquences. Pour troubler l'ordre public, il y aura certainement des obstacles à surmonter, des résistances à vaincre ; et qui peut dire exactement ce qui se produira dans cette lutte où les passions et les instincts irréfléchis exerceront la principale influence ? Qui peut dire à quel point s'arrêtera le poignard, et si la victime en défendant sa vie qu'elle pourra croire menacée ne trouvera pas la mort ? Qui pourra enfin calculer ici l'avantage prévu et légitimement espéré, dont l'absence surtout autorise le mandant à dire à son mandataire : Je vous avais chargé de m'engager jusqu'à tel point ; vous avez dépassé cette limite, trahi ma confiance et trompé ma légitime attente ; je ne suis donc obligé à rien : *Nam qui excessit mandatum aliud quid facere videtur ?* Au reste, la portée même de la règle en exclut évidemment l'application à notre espèce ; à moins de la diviser et par là même de la détruire, il faudrait décharger le mandant de toute responsabilité ;

aliud quid factum esse videtur. Enfin il importe de se dire que la loi n'accorde jamais sa protection qu'à des intérêts réels, c'est-à-dire légitimes ; or dans le mandat qui nous occupe, y a-t-il un intérêt légitime pour le mandant à ce que le préjudice dont il veut affliger son prochain ne soit pas aggravé ? Certes non ; commettre un crime sans vouloir toutefois dépasser certaines limites n'est pas une bonne action, et ne témoigne pas d'une intention respectable qui soit digne de la protection de la loi.

C'est par tous ces motifs que nous pensons que la théorie romaine sur la complicité n'a jamais admis cette règle. Mais en a-t-elle d'une manière générale repoussé toujours l'application ? Il serait également difficile de le croire. Il est en effet des cas où la présomption *aliud quid facere videtur* n'est plus nécessaire pour caractériser le fait exécuté relativement au fait demandé. Si donc, il y a une disproportion véritable entre l'un et l'autre, il est évident que le mandant ne peut répondre de ce qui a été fait, et c'est alors que nous lui accorderons entièrement et logiquement le bénéfice de la règle, en le déchargeant de toute responsabilité ; nous nous rencontrons ici avec la pensée du jurisconsulte Paul rapportée au Digeste dans cette formule générale : *Nam maleficia voluntas et propositum delinquentis distinguit* (1).

Quant à préciser exactement quelle a été la doctrine

(1) 53 pr. *De Furtis.*

romaine dans l'hypothèse ordinaire, ce nous serait presque impossible, nos recherches ne nous ayant indiqué aucun texte renfermant complétement l'expression de cette doctrine. Cependant, comme toute idée de droit strict nous a paru absente de l'esprit des jurisconsultes sur toutes ces matières de droit criminel, nous serions porté à croire qu'ils ont fait une juste appréciation de la responsabilité de chacun en distinguant si le mandant a pu prévoir ou non les aggravations qui se sont produites dans l'exécution. Cette solution que le bon sens indique, est celle de la science rationnelle.

Le caractère immoral et criminel du mandat dans notre espèce, qui a déjà contribué à nous faire rejeter l'application de l'une des règles générales de la matière, nous conduit encore, et sûrement cette fois, à refuser au contrat intervenu entre les parties la sanction des actions. Cette décision certaine ressort clairement du texte suivant : *Qui ædem sacram spoliendam, hominem vulnerandum, occidendum, mandatum suscipiet, nihil mandati judicio consequi potest, propter turpitudinem mandati* (1).

Mais, de ce que le contrat est immoral, il s'ensuit d'autant plus certainement que la faculté de le révoquer existe et doit être protégée ; l'intérêt social comme l'intérêt

(1) 22, § 6, Dig., *Mandati vel contra; Conf.*, 6, § 3, Cod.; 35, § 2, XVIII, 1.

privé des parties le réclame. Aucun doute ne s'élève sur ce point : *Recte mandatum contractum, si dum adhuc integra res sit revocatum fuerit, evanescit* (1).

La révocation doit évidemment avoir été exprimée, et communiquée au mandataire. C'est la condition essentielle pour que le contrat soit rompu, et avec lui l'association dont le but criminel engage la responsabilité du mandant.

Au mandat se rattache en droit civil la gestion d'affaires qui, dans certains cas produit absolument les mêmes effets. Le parallélisme que nous avons jusqu'alors reconnu, en partie du moins, entre les principes du droit civil et ceux du droit pénal relatifs à la responsabilité dérivant pour une personne d'un acte exécuté par une autre, va-t-il jusqu'à ce point que l'on puisse appliquer à un crime déjà commis la maxime *ratihabitio mandato æquiparatur* ? En d'autres termes, l'approbation donnée par une personne à un crime commis en son nom, en vue de son intérêt ou de la réalisation d'un de ses désirs, la constitue-t-elle complice de ce crime ? La personne qui ratifie un crime dans ces circonstances n'assume-t-elle pas une part de la responsabilité de ce crime?

C'est la question que les interprètes du droit romain ont agitée en présence de ce texte d'Ulpien : *In maleficio ratihabitio mandato comparatur* (2).

(1) *Instit.*, III, 26, § 9.
(2) 152, § 2. Dig., L, 17.

A prendre le texte à la lettre, on est nécessairement conduit à se décider pour l'affirmative ; et bien des décisions semblent venir à l'appui. Pour n'en citer qu'une seule, nous lisons au Digeste : *Cum procurator armatus venit, et ipse dominus armis dejecisse videtur, sive mandavit, sive (ut Julianus ait) ratum habuit* (1).

Au point de vue des principes rationnels du droit pénal, cette conclusion est certainement exorbitante. Elle se trouve absolument en contradiction avec les faits pris dans leur ordre naturel et logique, et répugne au bon sens. Faut-il donc nous y arrêter ? Un grand nombre d'autorités, qui s'appuient sur les motifs les plus sérieux et les considérations les plus puissantes, nous en détournent (2).

Sans nous attacher au mot *maleficium,* que l'on pourrait interpréter dans un sens moins technique et moins spécial que celui de délit, en le traduisant par dommage illicite nous sommes *a priori* très-fortement porté à croire que la maxime d'Ulpien se refère uniquement et tout au plus aux dommages et intérêts résultant d'un délit ou d'un fait illicite quelconque, origine d'un préjudice. A prendre même les textes qui paraissent en faire application dans toute la rigueur de leurs termes, on est conduit à restreindre la portée de cette règle à l'interdit *unde vi.* C'est ainsi

(1) 3, § 10, Cod. tit.

(2) M. Ortolan. *Éléments de Droit pénal,* p. 576 et la note; Rossi, *Traité de Droit pénal,* t. II, p. 219.

que nous lisons au Digeste : *Sed et si quod alius dejecit ratum habuero : sunt, qui putant secundum Sabinum et Cassium qui ratihabitionem mandato comparant, me videri dejecisse interdictoque isto teneri : et hoc verum est, rectius enim dicetur, in maleficio ratihabitionem mandato comparari* (1). C'est aussi évidemment dans ce sens qu'il faut entendre la loi III, § 10, *De vi et de vi armata*, citée plus haut ; elle est en effet englobée dans une série de dispositions toutes relatives à l'interdit *unde vi* et se place précisément dans l'hypothèse où il y a lieu à cet interdit. Telle était d'ailleurs l'interprétation donnée par Pothier à la règle d'Ulpien (2).

Nous sommes dès lors bien loin de la complicité résultant de la simple approbation ou ratification d'un crime commis en notre nom ou dans notre intérêt, et comme aucun texte précis ne vient étendre au delà de sa sphère naturelle le principe que nous reconnaissons en droit civil, il nous semble plus prudent de nous renfermer dans l'observation même de la science rationnelle qui, bien qu'elle n'eût pas encore été formulée au temps des jurisconsultes romains, était cependant connue d'eux dans ses éléments essentiels ; car elle n'est autre chose que la raison éclairée par le sens moral.

Il est d'ailleurs une règle consacrée au titre *De his qui*

(1) 1, § 14, D. XLIII, 16.
(2) Pothier, *Pand.*, L, 17, n° 1281.

notantur infamia, qui peut donner une certaine autorité à ce que nous avançons : *Quid ergo si non ducere sit passus, si, posteà quam duxit, ratum habuerit; ut puta initio ignoravit talem sese, postea scit? Non notabitur, Prætor enim ad initium nuptiarum se retulit* (1). D'après l'édit du préteur, on était noté d'infamie quand on épousait une veuve pendant le temps de deuil, ou quand, ayant autorité sur le futur mari, on ne mettait pas obstacle à un semblable mariage. Mais, et c'est l'hypothèse de notre loi, il pouvait se faire que la bonne foi d'un père eut été trompée, que le mariage ait eu lieu, et que le père, apprenant le vice dont il était infecté, le ratifiât : or, une pareille ratification d'un fait délictueux ne faisait encourir au père aucune peine. Et quel est le motif que nous donne le jurisconsulte ? C'est que le préteur se reporte au jour de la célébration du mariage, c'est-à-dire au jour du délit, pour apprécier la responsabilité de chacun. N'est-ce pas proclamer, en principe au moins, ce que nous avons reconnu dans l'étude du droit rationnel, c'est-à-dire que, aucun fait postérieur au délit, si étroit que soit le lien de connexité qui l'unit à celui-ci ne peut devenir la source d'une complicité ? En présence d'un semblable argument, il parait bien inutile d'insister davantage sur la discussion.

Une dernière question se rattache à l'hypothèse du

(1) 13, D., III, 2.

mandat. Une personne commet un délit en mon nom, prétendant exécuter ma volonté ; j'ai connaissance de ce fait, que d'ailleurs je ne ratifie pas expressément ; mais je ne m'y oppose pas : serai-je complice du délit ? Le doute peut naître en présence du texte suivant : *Semper qui non prohibet pro se intervenire mandare creditur. Sed etsi quis ratum habuerit quod gestum est, obstringitur mandati actione* (1). Mais les mêmes motifs qui nous ont fait repousser la complicité par ratification postérieure nous conduisent à dire que la présomption ici posée en droit civil est inapplicable en droit pénal. Au reste, nous verrons plus loin que le non-empêchement ne constitue pas, en règle générale, un fait de complicité ; dès lors, aucune hésitation ne peut plus exister sur la solution de cette question, au point de vue du droit positif de Rome. Les principes sont conformes à cette solution, car ils exigent une intention réelle de nuire qui ne peut être présumée.

SECTION QUATRIÈME

Complicité par assistance matérielle.

Cette partie de notre tâche nous ramène sur le terrain des règles générales. La complicité morale s'est présentée

(1) 60, Dig., *Regulis juris*.

à nous dans les précédentes sections sous les formes diverses du conseil, de l'ordre et du mandat. Abandonnant ici les applications particulières et les décisions arbitraires, nous envisagerons d'un seul coup d'œil et sans entraves les conditions générales de la complicité matérielle.

La première notion nous en est apparue dans la définition générale de la complicité par l'*ops* et par la *consilium*. C'est l'*ops* qui va seul nous occuper maintenant.

Opem fert, nous dit Ulpien, *qui ministerium atque adjutorium ad subripiendas res præbet* (1). Telle est en effet l'idée que l'on se fait de la complicité matérielle.

Mais, avant d'entrer plus avant dans l'étude des détails que comporte cette matière, il ne sera pas sans intérêt de signaler dès maintenant les différences qui existent entre les effets de la complicité morale et ceux de la complicité matérielle. Nous pénétrerons ici quelque peu sur le domaine du droit civil.

Aliud factum est ejus qui ope, aliud ejus qui consilio furtum facit : sic enim alii condici potest, alii non potest (2). Donc, au point de vue de la *condictio*, il y a une différence entre le complice par assistance matérielle et le complice par simple participation morale. Mais

(1) 50, § 3, Dig., XLVII, 2.
(2) 53, § 2, D., L, 16.

quelle est l'origine, la portée de cette différence ? L'*actio furti pœnalis* fut toujours donnée contre le voleur et ses complices, quels qu'ils fussent ; nous l'avons constaté plus d'une fois. Mais quand les progrès de la jurisprudence eurent introduit l'*actio rei persecutoria*, sous la forme de la *condictio*, elle ne fut pas accordée contre le complice. *Proinde etsi ope consiliove alicujus furtum factum sit, condictione non tenebitur, etsi furti tenetur.* Ulpien nous donne le motif de cette décision en disant : *Nunquam enim ea condictione alius quam qui fecit tenetur, aut heres ejus* (1), ce qui est absolument conforme d'ailleurs au caractère de la *condictio ;* elle suppose en effet qu'un patrimoine s'est enrichi aux dépens d'un autre et a pour but de faire rétablir dans le second ce qui se trouve indûment dans le premier. Or quel peut donc être le patrimoine qui s'est enrichi, si ce n'est celui du voleur même? Ceux qui n'ont fait que l'assister ne peuvent raisonnablement tomber sous le coup de cette présomption. Que si cependant le complice a joint à ses actes d'assistance le fait de s'emparer de la chose, s'il a mis la main sur elle, alors il devient raisonnable de le considérer comme ayant tiré un profit de la chose, et dès lors il faut accorder au propriétaire volé le bénéfice d'une *condictio* dirigée contre lui. Ceci ne se présentera jamais dans l'espèce de la complicité morale, qui suppose

(1) 6 et 5, Dig., XIII, 1.

abstention complète de toute participation physique; mais la complicité par assistance matérielle comporte parfaitement une appréhension de l'objet, et l'on conçoit alors qu'Ulpien ait pu dire en comparant l'une à l'autre: *Sic enim alii condici potest, alii non potest.*

Remarquons au reste que la généralité des termes de cette formule n'implique nullement la généralité de la règle qu'elle énonce; elle comporte au contraire parfaitement la restriction que nous faisons, au cas où le complice à réellement appréhendé la chose.

Si alius tenuit, alius interemit, is qui tenuit, quasi causam mortis præbuit, in factum actione tenetur (1). Le fait d'une assistance purement matérielle suffit donc à établir la complicité; c'est ce qui résulte d'une manière plus formelle encore du texte suivant: *Qui vel ferramenta sciens commodaverit ad effringendum ostium, vel armarium, vel scalam sciens commodaverit ad ascendendum, licet nullum ejus consilium principaliter ad furtum faciendum intervenerit, tamen furti actione tenetur* (2).

Il est évident d'ailleurs que, si un fait matériel suffit à établir la complicité, certaines conditions doivent être en outre remplies. Les textes exigent en effet, comme pour la complicité morale, que le crime préparé ait été exécuté; que le secours apporté dans la préparation ou l'exécution

(1) 11, § 1, Dig., *Ad Leg. Aquiliam.*
(2) 54, § 4, *De Furtis.*

ait été réel et efficace ; enfin que l'intention du complice ait été mauvaise et conforme à celle de l'exécuteur. Cette dernière condition est très-nettement exprimée par Paul en ces termes : *Qui injuriæ causa januam effregit, quamvis inde per alios res amotæ sint, non tenetur furti : nam maleficia voluntas et propositum delinquentis distinguit* (1).

Pothier fait d'ailleurs remarquer avec raison qu'il n'est pas nécessaire que les intentions aient été identiques ; mais qu'il suffit qu'elles se soient rencontrées sur le fait du vol, quand même le but principal du complice n'aurait pas été de voler. C'est ce qui ressort de la loi LIV, § 4, *De Furtis*, citée plus haut (2).

La nécessité d'exécution du délit préparé résulte d'une décision fort intéressante par l'hypothèse dans laquelle elle est rendue : *Si tu Titium mihi commendaveris quasi idoneum cui crederem, et ego in Titium inquisii, deinde tu alium adducas quasi Titium : furtum facies, quia Titium esse hunc credo, scilicet si et ille qui adducitur scit ; quod si nesciat, non facies furtum ; nec hic qui adduxit opem tulisse potest videri, cum furtum factum non sit ; sed dabitur actio in factum in eum qui adduxit* (3).

Ces préliminaires une fois posés, nous avons à nous dé-

(1) 53 pr., Dig., XLVII, 2.
(2) Pothier, *Pand.*, XLVII, 2, n° 70.
(3) 66, Dig., *De Furtis.*

mander quelle était aux yeux de la loi romaine l'importance du rôle joué dans le drame criminel par le complice dont nous nous occupons. Sur ce point nous n'avons pas rencontré de règle générale, et nous devons nous attacher aux principaux délits qualifiés par le Digeste pour exposer à peu près complétement les idées des jurisconsultes. Nous nous occuperons particulièrement du vol et de l'adultère.

L'hypothèse du vol est celle qui se présente la première (Loi LIV, § 4, *De Furtis*). Cette loi nous fait bien comprendre la différence qu'il y a entre l'auteur d'un vol et le simple complice par assistance de ce vol. A ses yeux, pour être auteur du vol et par suite être tenu certainement et d'après les principes élémentaires de l'*actio furti*, il faut plus qu'avoir facilité l'accomplissement du vol, en enfonçant les portes ou disposant des moyens d'accès dans l'édifice, il faut plus même que le fait de la *contrectatio :* il faut en outre l'intention de voler. Tout autre participant ne sera qu'un auxiliaire ; et c'est l'idée qui résulte clairement de ce mot *tamen*, qui exprime bien en effet une extension de la règle ordinaire à un cas dans lequel elle n'aurait pas son application naturelle.

Certains interprètes modernes, et notamment MM. Chauveau et Hélie, ne s'arrêtant pas à cette remarque qui nous semble pourtant décisive, ont cru au contraire trouver dans l'application de l'*actio furti* la preuve que le complice *ope* était toujours un coauteur. Mais cette conclusion aurait besoin d'être corroborée du principe que tout participant frappé des conséquences pénales qui s'attachent au fait de l'auteur principal est un auteur principal lui-même : C'est ce que nous serons loin de constater en étudiant la pénalité applicable aux complices. Le passage suivant des Institutes suffira dès à présent à notre critique : *Interdum furti tenetur qui ipse furtum non facit, qualis est cujus ope et consilio furtum factum est* (1).

Mais ce texte nous arrêtera encore quelques instants. Nous remarquerons, en effet, qu'il ne faudrait pas donner à ses termes une portée tellement absolue qu'il fallut considérer tout complice, c'est-à-dire tout agent *ope aut consilio,* comme un simple auxiliaire. Nous avons rencontré en effet dans l'étude de la complicité morale des décisions qui assimilent absolument le complice à l'auteur. *Nihil interest occidat quis an causam mortis præbeat ; mandator cædis pro homicida habetur* (2). Il faut donc dire que Justinien n'a entendu parler que par voie d'exemple, et a voulu dire qu'un complice, même lorsqu'il n'a joué qu'un rôle auxiliaire, doit être atteint par l'*actio furti*, comme le voleur lui-même.

La matière de l'adultère qui fut l'objet de tant de lois répressives à Rome fournit des dispositions intéressantes à notre point de vue.

(1) *Institutes*, IV, 1, § 11.
(2) 15, Dig., XLVIII, 8.

« *Hujus criminis postulantur mulier et adulter* », nous dit Pothier, établissant ainsi une assimilation complète entre la femme coupable, et sur la qualité de laquelle aucun doute ne peut s'élever, et le complice de cette femme. Cette assimilation qui les constitue coauteurs du même crime nous semble parfaitement justifiée par la loi II pr., *ad Legem Juliam, De adulteriis : Ex Lege Julia servatur, ut cui necesse est ab adultero incipere, quia mulier ante denuntiationem nupsit, non alias ad mulierem possit pervenire, nisi reum peregerit : peregisse autem non alias quis videtur, nisi et condemnaverit.* Il faut atteindre l'*adulter*, avant de poursuivre la femme ; c'est donc évidemment qu'aux yeux de la loi pénale, il y a au moins égalité dans la responsabilité de l'un et de l'autre.

Cette question préliminaire tranchée, quelle qualité attribuerons-nous à ceux qui seront intervenus par une assistance coupable dans la perpétration de ce crime ? *Qui domum suam, ut stuprum, adulteriumve cum aliena matrefamilias, vel cum masculo fieret, sciens præbuerit..., cujuscumque sit conditionis, quasi adulter punitur* (1). Il y a égalité de pénalité, mais, comme nous l'avons déjà remarqué à propos du vol, il n'y a que complicité auxiliaire : *quasi adulter punitur.*

Cette remarque ne paraît pas *a priori* avoir grand intérêt. Il importait cependant de la faire ; car l'étude de la compli-

(1) 8, Dig., XLVIII, 5.

cité émanant du mari nous conduit à une conclusion toute spéciale et très-différente de celle-ci. Et d'abord, pour reprendre un texte déjà cité, nous lisons que : *Qui quæstum ex adulterio uxoris suæ fecerit, cujuscumque sit conditionis, quasi adulter punitur.* Et ailleurs : *si vir infamandæ uxoris causa adulterium subjecerit ut ipse deprehenderit : et vir et mulier adulterii crimine tenentur ex senatusconsulto de ea re facto* (1). Jusqu'alors, rien n'apparaît qui soit contraire à la règle ordinaire sur la qualité du complice par assistance; *quasi adulter*, le mari n'est que complice auxiliaire, mais il est d'autres textes qui viennent donner un caractère tout spécial à cette apparente complicité. *Lenocinii quidam crimen lege Julia de adulteriis præscriptum est : cum sit in eum maritum pœna statuta qui de adulterio uxoris suæ quid ceperit. — Qui quæstum ex adulterio uxoris suæ fecerit, plectitur ; nec enim mediocriter delinquit, qui lenocinium in uxore exercuit* (2). Les actes qui dans les lois précédentes constituaient le mari complice auxiliaire du crime de sa femme, sont dans celles-ci qualifiés du nom spécial de *lenocinium.* Or Pothier, dans son commentaire sur le titre qui nous occupe, distingue avec soin, sous deux chapitres distincts, la matière du *lenocinium* et celle de la *complicité en matière d'adultère*. La distinction est

(1) 14, § 1, Dig., XLVIII, 5.
(2) 2, § 2, et 29, § 3, Dig., XLVIII, 5.

autorisée par une foule de textes qui parlent en effet du *lenocinium* comme d'un délit spécial frappé, comme l'adultère, par la même loi *Julia*. Cette loi s'occupe en effet de divers crimes relatifs aux mœurs, et particulièrement du *stuprum*, de *l'incestum*, de la *polygamia*, etc. Tous ces motifs, joints à cette observation qu'il est étrange au fond de voir la première victime d'un crime assimilée aux auteurs mêmes de ce crime, nous conduisent à penser que le mari coupable, en fait, d'avoir aidé à la violation de la foi conjugale et au déshonneur de sa maison, était, en droit, considéré comme coupable du délit spécial de *lenocinium*.

Quant au rapprochement entre l'époux coupable de *lenocinium* et le *quasi adulter*, il s'explique aisément lorsqu'on se place au point de vue de la pénalité, le châtiment étant le même pour le premier que pour le second.

Si alius tenuit, alius interemit, is qui tenuit quasi causam mortis præbuit in factum actione tenetur (1). Une personne est assaillie par deux autres; l'une la maintient et l'autre la frappe. Y a-t-il dans ce drame un auteur et un simple complice auxiliaire, ou bien deux coauteurs? A prendre les choses dans leur réalité, nous sommes en présence de deux auteurs, et nous trouvons cette décision corroboré par la loi III pr. *ad Legem Corneliam, De Sicariis : Ejusdem legis Corneliæ de sicariis et*

(1) 11, § 1, Dig., IX, 2.

veneficiis capite quinto, qui venenum necandi hominis causa fecerit, vel vendiderit, vel habuerit, plectitur. Le vendeur ou le fabricant de poison est aux yeux de la loi un meurtrier. Nous pouvons certainement en dire autant de notre personnage. Il est vrai que celui qui a frappé sera tenu de l'action de la loi *Aquilia,* tandis que son complice ne sera tenu que d'une *actio in factum ;* mais cette différence, qui d'ailleurs n'a d'intérêt qu'en droit civil, s'explique à merveille, lorsqu'on songe que la loi *Aquilia* ne frappait que l'auteur du *damnum corpori corpore datum,* ce qui, dans l'espèce, ne peut s'entendre du complice. Cette observation faite, les termes mêmes de la loi XI, *ad Legem Aquiliam,* conservent toute leur portée, surtout lorsqu'on les rapproche de cette règle générale déjà énoncée plus haut : *nihil interest occidat quis, an mortis causam præbeat.*

Pour résumer en une seule règle les observations ci-dessus, nous dirons qu'en général les lois romaines ne considéraient le complice par assistance que comme auxiliaire, excepté lorsque son intervention prenait un caractère tellement grave, exerçait une influence tellement directe sur l'accomplissement même du crime qu'elle en devenait pour ainsi dire comme la condition essentielle et constitutive. En ce dernier cas, le complice devenait un coauteur. C'est absolument la règle que nous avons formulée dans l'étude des principes de la science rationnelle.

CHAPITRE II

COMPLICITÉ FICTIVE.

Jusqu'alors les faits qui nous ont occupés constituaient par eux-mêmes le lien de complicité, et la loi romaine dans ses diverses dispositions ne nous est apparue que comme sanctionnant les décisions de la raison naturelle. Ici nous pénétrons sur un terrain plus délicat. La loi positive, abandonnant les principes généraux, a-t-elle de sa seule autorité créé des cas spéciaux de complicité, par une interprétation impérieuse de l'intention de certaines personnes agissant dans certaines circonstances ? C'est la question que nous allons chercher à résoudre dans le cas du non-empêchement, de la non-révélation, et dans certaines autres hypothèses d'abstention,

SECTION PREMIÈRE.

Du non-empêchement.

Avant d'entrer dans les détails, je crois utile de poser une règle d'interprétation. La complicité fictive est évidemment une matière d'exception; donc, dans le cas où la loi aura voulu l'établir, elle aura dû le faire par une déclaration expresse de sa volonté. Cette règle est certaine: la répudier, c'est rester livré à l'incertitude et à l'arbitraire.

Le fait de ne pas mettre obstacle à l'exécution d'un crime lorsqu'on le pourrait est assurément un acte condamnable, et plus d'une fois la loi positive s'est trouvée d'accord avec la morale pour flétrir une pareille conduite. Mais y a-t-il dans cette inaction les caractères constitutifs de la complicité ? Je ne le crois pas, et, sur le terrain des principes, je me séparerai ici des législations de Sparte et d'Égypte, qui, paraît-il, punissaient comme complices du crime ceux qui n'avaient pas eu la facile vertu d'en empêcher l'exécution lorsqu'ils le pouvaient. La complicité suppose toujours un élément intentionnel qui n'existe certainement pas chez celui, que retient une crainte ridicule ou un préjugé absurde; et c'est, à notre avis, faire une interprétation arbitraire et, par suite, injuste de la pensée d'un homme que la considérer en principe comme étant toujours dirigée dans le sens du crime.

Nous nous trouvons dès lors en présence de deux textes qui, dans leur généralité, posent complétement la question en droit romain.

Culpa caret qui scit, sed prohibere non potest. — Nullum crimen patitur is qui non prohibet, cum prohibere non potest (1).

(1) 56 et 109, Dig., L, 17.

A les prendre isolément et indépendamment des principes, on est naturellement conduit à en tirer un argument *a contrario* très-puissant pour dire qu'il y avait complicité, si quelqu'un n'avait pas empêché un crime alors qu'il le pouvait. Les termes mêmes qui se rapportent plutôt au langage du droit pénal qu'au langage du droit civil viennent encore à l'appui de cette opinion.

Mais la règle d'interprétation que nous avons posée fait échec à ce système et d'une manière décisive. Incontestablement, et la loi romaine a pu le dire, à l'impossible nul n'est tenu.

Mais il n'y a dans cette formule, si générale qu'elle soit, que l'expression d'une vérité élémentaire ne faisant aucunement obstacle aux principes naturels de la complicité, que nous avons reconnus dans la loi romaine à propos de la complicité réelle. En l'absence d'une manifestation expresse d'un changement de volonté, nous devons donc rester sous l'application de la règle générale et dire que le non-empêchement ne constitue pas un fait de complicité. Les deux textes que nous avons cités demeurent alors purement et simplement comme l'expression d'une vérité sans autorité particulière dans notre espèce. Ils ne sont cependant pas par là même dénués de tout intérêt ni de toute portée. Car, si c'est à tort qu'ils ont été extraits sous forme d'axiomes du commentaire de Paul sur l'édit du préteur, quand on les ramène à l'hypothèse étudiée par le jurisconsulte, qui était celle de la responsabilité civile du père de famille pour les faits de ses enfants ou de ses esclaves, ils reprennent un sens fort naturel et répondent très-utilement à un doute possible sur ce point, en présence du lien si étroit et si absolu qui confond pour ainsi dire dans une seule personnalité le *paterfamilias* et tous les membres de sa *familia*.

Revenant à notre point de vue de la complicité, nous dirons donc que la loi romaine ne posait pas en règle générale la complicité par non-empêchement.

Ce qui achève de nous confirmer dans cette pensée, c'est que le Digeste fournit précisément un exemple particulier de complicité par non-empêchement, et semble bien exclure par là toute idée d'une règle générale : *Lege Cornelia cavetur ut is qui in aurum vitii quid addiderit, quique argenteos nummos adulterinos flaverit, falsi crimine teneri. Eadem pœna afficitur etiam is qui, cum prohibere tale quid posset, non prohibuit* (1). Cette décision spéciale s'explique d'ailleurs parfaitement par la gravité du crime qu'il s'agit de réprimer ; les conséquences incalculables qu'il peut entraîner, et la difficulté d'en découvrir les auteurs, ont, dans tous les temps et dans toutes les législations, entraîné l'application d'une pénalité particulière et rigoureuse contre les faux monnayeurs.

En dehors de ce cas de complicité par non-empêchement, nous rencontrons au Digeste des lois qui déclarent

(1) 9 pr. et § 1, Dig., XLVIII, 10.

dans certaines circonstances l'inaction coupable et la frappent parfois de la même peine que le délit qui n'a pas été empêché. Ces textes ne peuvent être d'aucune utilité pour établir la théorie du non-empêchement. Ils traitent en effet une question de responsabilité toute spéciale. Ainsi nous lisons : *D. Hadrianus rescripto pœnam statuit, quadraginta aureorum in eos qui in civitate sepeliunt : quam fisco inferri jussit, et in magistratus eadem qui passi sunt* (1). Aucune complicité n'existait évidemment en cette hypothèse, et la loi n'avait pour but que de mieux garantir son exécution en frappant le magistrat négligent.

Les sénatusconsultes Silanien et Claudien punissent encore les esclaves qui n'ont pas porté secours à leur maître quand leur vie était menacée. Or, il n'y avait pas là le moins du monde la punition d'un fait de complicité, mais uniquement celle du non-accomplissement d'un devoir spécialement imposé par la loi aux esclaves à l'égard de leurs maîtres, et dans l'intérêt de la sécurité des familles.

Pour résumer ces observations en une seule remarque, nous dirons donc que la complicité par non-empêchement n'existait en droit romain que dans un seul cas, celui du crime de fausse monnaie. La loi, respectant d'ailleurs les principes, n'établissait pas une présomption générale de complicité.

(1) 3, § 5, Dig., XLVII, 12.

SECTION DEUXIÈME

De la non-révélation.

Qui furem novit, sive indicet eum, sive non indicet, fur non est : cum multum intersit, furem quis celet an non indicet : qui novit furti non tenetur, qui celat hoc ipso tenetur (1).

Il n'y a donc ni vol, ni complicité de vol, à ne pas révéler un voleur qu'on connaît.

Au point de vue moral, cette décision doit être généralisée. Dans certaines circonstances, il peut y avoir certainement un fait coupable et très-grave dans cette abstention ; mais la nature des choses se refuse ici, comme au cas de non empêchement, à toute imputation de complicité ; les apparences sont même encore moins favorables peut-être à l'établissement d'une présomption légale de cette nature. C'est pourquoi, jusqu'à ce qu'un texte nous oppose une formule générale contraire, nous considérerons la décision de la loi XLVIII, *De furtis,* comme l'application du principe que, en droit romain, la non-révélation n'était pas un fait de complicité.

Mais ici, comme pour le non empêchement, nous ren-

(1) 48, § 1, Dig., XLVII, 2.

contrerons des décisions spéciales, confirmant d'ailleurs notre appréciation, et qui ont de plus le caractère d'être relatives à des crimes extraordinairement graves.

A propos du crime de parricide, nous lisons au Digeste : *Frater autem ejus qui cognoverat tantum, nec patri indicaverat, relegatus est* (1). Un fils, ayant conçu le dessein d'attenter à la vie de son père, l'avait exécuté ; son frère avait eu connaissance du projet criminel et avait gardé le silence. La loi pénale présumait alors sa complicité, parce que l'atrocité du crime dont il prévoyait l'exécution aurait soulevé sa conscience et fait parler son cœur, s'il n'avait refoulé ce sentiment instinctif par un calcul odieux ou une indifférence monstrueuse. La seule force de la nature l'ayant donc pour ainsi dire rendu maître du sort de son père, son abstention le faisait considérer comme ayant participé, dans sa conscience au moins, à la perpétration du crime.

Le rapport essentiel de confiance qui unit le médecin à celui qu'il soigne, joint à l'obligation particulièrement imposée au médecin de veiller sur la vie de son semblable, explique aussi l'assimilation plus rigoureuse encore faite par Scævola lorsqu'il condamne au dernier supplice le médecin qui n'a pas révélé à la victime la nature vénéneuse des substances que son meurtrier devait lui faire prendre *Et medicus supplicio affertur* (2).

(1) 6, Dig., XLVIII, 9.
(2) 2, *In fine*, Dig., XLVIII, 9.

Le crime de lèse-majesté comportait encore la complicité par simple non-révélation : *Quisquis, cum militibus, vel... inierit factionem aut... de nece etiam virorum illustrium... cogitaverit (eadem enim severitate voluntatem sceleris qua effectum, puniri jura voluerunt), ipse quidem utpote majestatis reus gladio feriatur bonis ejus omnibus fisco nostro addictis* (1). Plus loin, la même constitution porte une disposition spéciale contre ceux qu'elle appelle des *conscii : Id quod de prædictis eorumque filiis cavimus, etiam de satellitibus consciis ac ministris eorum simili severitate censemus.* C'est la simple connaissance du crime jointe au fait de sa non-révélation que les empereurs Arcadius et Honorius ont voulu punir en édictant une présomption de complicité. Il est vrai que notre interprétation suppose une traduction toute spéciale du mot *conscius*, traduction qui nous conduirait à poser en règle générale la complicité par simple non-révélation en matière de parricide. Ulpien dit en effet : *Utrum qui occiderunt parentes an etiam conscii pœna parricidii adficiantur, quæri potest? Et ait Mæcianus etiam conscios eadem pœna adficiendos, non solum parricidas* (2). Or, nous n'avons admis la complicité fictive en cette matière que chez le fils ou le médecin de la victime. Mais il importe d'observer que le sens extraordinaire que nous

(1) 5 pr., Code, IX, 8.
(2) 2, Dig., XLVIII, 9.

donnons au mot *conscius* dans notre loi V est justifiée spécialement par la disposition du paragraphe VII de cette même loi, qui, après avoir édicté la peine de la non-révélation, établit la récompense de la révélation : *Sane si quis in exordio initæ factionis, studio veræ laudis accensus, initam prodiderit factionem et præmio et honore a nobis donabitur. Is vero qui usus fuerit factione, si vel sero (incognita tamen adhuc) consiliorum arcana patefecerit : absolutione tantum ac venia dignus habebitur.*

Il n'y a donc nullement contradiction entre le sens que nous donnons à l'expression dans un cas et celui que nous lui attribuons dans l'autre.

Mais ce que nous retiendrons de ces observations, c'est que la non-révélation, pas plus que le non-empêchement, ne constituait en droit romain un cas de complicité. Nous avons rencontré deux dérogations à cette règle. Il se peut qu'il y en ait d'autres encore, mais elles ne suffiront pas à détruire l'accord qui, au point de vue des principes, existe encore ici entre le droit romain et la science rationnelle.

SECTION TROISIÈME

Hypothèses spéciales.

Le non-empêchement et la non-révélation écartés, nous nous trouvons encore en présence de quelques hypothèses spéciales de complicité fictive, ne rentrant précisément ni dans l'une ni dans l'autre de ces deux catégories, mais ayant cependant ce caractère commun avec elles de supposer une abstention.

Qui præpositum suum non protexit cum posset, in pari causa factori habendus est : si resistere non potuit parcendum ei (1). Le soldat qui ne porte pas secours à son chef est frappé d'une présomption de complicité et puni de la même peine que le meurtrier,

Miles qui ex carcere, dato gladio, erupit, pœna capitis punitur. Eadem pœna tenetur et qui eum quem custodiebat deseruit (2): Le soldat qui s'échappe de sa prison les armes à la main est puni de mort, et celui qui l'a laissé s'enfuir est frappé de la même peine. Il y a là encore une assimilation qui ne s'explique que par une présomption de complicité.

Sans aller plus loin dans la recherche des exemples, nous pouvons dès à présent regarder comme certaine en droit romain l'existence d'une complicité fictive. Toujours exceptionnelle d'ailleurs, elle suppose des circonstances toutes spéciales, et n'a été établie par la loi que lorsqu'un intérêt sérieux réclame une protection efficace. C'est une ressource extrême dont les législations doivent user avec ménagement, que celle des peines aveugles basées sur

(1) 6, Dig., XLIX, 16; *Conf.*, 3, § 22, *Eod.*
(2) 38, § 11, Dig., XLVIII, 19.

une présomption absolue, qui ne laisse place à aucune appréciation de culpabilité individuelle ; mais nous rendrons du moins à la jurisprudence romaine cette justice qu'elle n'a pas abusé de ses pouvoirs. Aussi bien, d'ailleurs, faut-il reconnaître que les plus sévères des dispositions que nous avons étudiées sur la complicité fictive ont été l'œuvre du Bas-Empire.

CHAPITRE III

COMPLICITÉ SPÉCIALE.

Les actes de complicité que nous avons envisagés jusqu'ici, en nous plaçant, soit au point de vue de la nature même des choses, soit au point de vue de la volonté souveraine de la loi, et qui nous sont encore apparus comme purement moraux ou comme à la fois physiques et moraux, peuvent par rapport au temps se diviser en faits antérieurs, faits concomitants et faits postérieurs au crime. Les actes moraux ou physiques de complicité réelle ou fictive que nous avons passés en revue, rentrent tous dans les deux premières catégories. Ces faits sont les seuls que la science rationnelle reconnaisse comme constitutifs de la complicité; quant aux actes postérieurs, ils sont tout au plus connexes au crime dont ils supposent d'ailleurs l'exécution achevée.

Toutefois cette idée que, s'il n'y avait pas de recéleurs il n'y aurait pas de voleurs, a souvent entraîné le législateur à considérer le recel comme un acte d'assistance et par suite comme un fait de complicité. Son intention d'ailleurs n'a pas été d'établir une présomption ni une fiction, et c'est pourquoi nous étudierons à part sous le titre de Complicité spéciale, celle que la loi romaine a prétendu trouver dans le recel des criminels ou des produits du crime.

SECTION PREMIÈRE

Recel des personnes

Congruit bono et gravi præsidi curare, ut paratā atque quieta provincia sit, quam regit: quod non difficile obtinebit, si sollicite agat, ut malis hominibus provincia careat, eosque conquirat: nam et sacrilegos, latrones, plagiarios, fures conquirere debet : et prout quisque deliquerit, in eum animadvertere, receptoresque eorum coercere, sine quibus latro diutius latere non potest (1). C'est dans ces termes absolument généraux,

(1) 13, Dig., I, 18.

qu'Ulpien énumérant les principaux devoirs d'un bon gouverneur de province comprend au nombre des faits qu'il doit réprimer le recel des criminels de toute espèce qui troublent l'ordre et la sécurité sociales.

Jusque là rien dans la loi romaine ne se trouve en contradiction avec les principes. Incontestablement, le recel d'un brigand est un acte coupable, préjudiciable à la société ; il doit donc être puni.

Mais à quel titre s'exerçait la justice à l'égard des criminels de cette sorte ? C'est la question intéressante que nous avons à résoudre.

Plusieurs textes édictent des peines particulières contre ceux qui ont donné asile à telle ou telle espèce de brigands. A les lire superficiellement, il semblerait que la loi romaine s'est maintenue sur ce point dans le respect des principes, en n'établissant aucune assimilation de complicité entre le recéleur et l'auteur du crime. Un examen attentif conduit à une conclusion toute différente.

C'est ainsi que nous lisons au Code : *Eos qui secum alieni criminis reos occultando eum eamve sociârunt, par ipsos et reos pœna expectet* (1) ; formule générale qui établit un rapprochement bien important entre le complice et le recéleur. Ailleurs, l'assimilation nous semble plus étroite encore, dans la loi I, § 2, *De Raptu vir-*

(1) 1, Code, IX, 39 ; *Conf.*, 12, Code, IX, 20.

ginum, au Code :.... *Cæteros autem omnes qui conscii ac ministri hujusmodi criminis reperti et convicti fuerint*, VEL QUI EOS SUSCEPERINT, *vel qui quicumque opem eis tulerint.... pœnæ tantummodo capitali subjicimus.* Ce dernier texte est absolument décisif, car il ne laisse subsister aucun doute sur l'idée qui guidait les criminalistes romains dans la repression du recel. Nous sommes d'ailleurs pleinement confirmé dans cette opinion par la remarque générale de Marcien, rapportée au Digeste : *Pessimum genus est receptatorum, sine quibus nemo latere dici potest. Et præeipitur, ut perinde puniantur atque latrones* (1). Et le jurisconsulte Paul vient encore à l'appui en disant dans ses Sentences : *Receptores aggressorum itemque latronum eadem pœna afficiuntur qua ipsi latrones : sublatis enim susceptoribus, grassantium cupido conquiescit* (2). La préoccupation de la loi est donc bien celle-ci, que s'il n'y avait pas de recéleurs il n'y aurait pas de voleurs ; en d'autres termes, que le recéleur prêtant une assistance et une assistance très-efficace au voleur, doit être considéré comme son complice.

(1) 1, Dig., XLVII, 16.
(2) Paul, *Sent.*, V, 3, § 4.

SECTION DEUXIÈME

Recel des choses.

La doctrine romaine n'est pas moins évidente sur cette variété que sur la précédente. Les textes abondent pour établir l'assimilation du receleur au complice. *Eos qui a servo furtim ablata scientes susceperint, non tantum de susceptis convenire, sed etiam pœnali furti actione potes*(1). *Non tantum autem qui rapuit, verum is quoque qui recepit, ex causis supra scriptis tenetur ; quia receptores non minus delinquunt quam adgressores* (2). Enfin nous lisons au Code la constitution suivante d'Honorius et de Théodose qui ne peut laisser aucun doute : *Crimen non dissimile est rapere et ei qui rapuit raptam rem scientem delictum servare* (3).

Certains auteurs pourtant ont cru trouver dans une décision du Digeste la démonstration de l'opinion contraire, qu'ils ont formulée d'ailleurs d'une manière générale en disant qu'à Rome les faits postérieurs au crime n'étaient jamais punis comme faits de complicité. Marcien nous enseigne en effet que celui qui a montré à un esclave

(1) 14, Code, VI, 2.
(2) 3, § 3, Dig., XLVII, 9.
(3) 9, Code, IX, 12.

fugitif le chemin qu'il devait prendre pour échapper à son maître n'a pas commis un vol : *Furtum non committit, qui fugitivo iter monstravit* (1). Cette décision semble assez concluante, mais elle perd toute portée lorsque l'on se souvient que, dans l'espèce, il ne peut y avoir de délinquant principal, et que par suite il n'y a pas de complice. Nous savons en effet qu'un esclave ne peut se voler lui-même, et qu'il n'est jamais considéré comme *res furtiva* qu'au point de vue de l'usucapion.

Notre interprétation bien prudente d'ailleurs des textes cités plus haut reste donc entière et nous autorise à penser que d'une manière générale le recel des choses ou des personnes est un acte de complicité.

Quant à la question de savoir quelle est la nature de la complicité du recéleur, elle ne peut faire l'objet d'aucun doute. L'acte qu'on lui reproche étant essentiellement différent de celui qui a été commis par l'auteur du crime, ils ne peuvent être évidemment envisagés comme coauteurs ; le rôle du recéleur est donc nécessairement réduit aux plus modestes et plus justes proportions de complice auxiliaire.

(1) 62, Dig., XLVII, 2.

SECTION TROISIÈME

Conditions générales du recel.

Mais le fait de recéler n'était punissable qu'à certaines conditions.

La premièro qui apparaît est celle de la connaissance du crime jointe à l'intention frauduleuse de cacher la chose ou la personne. *Sed enim additum est dolo malo quia non omnes qui recepit statim etiam delinquit, sed qui dolo malo recipit; quid enim si ignarus recipit? aut quid si ad hoc recepit ut custodiret salvaque faceret ei qui amiserat? Utique non debet teneri* (1). On peut en effet, même en connaissance de cause, recueillir une chose volée sans commettre le moins du monde un acte blâmable ; il en sera certainement ainsi lorsqu'on prétendra uniquement garder la chose pour la rendre à son propriétaire. La loi V, *De servo corrupto,* vient encore à l'appui de cette décision et de cette remarque. La même condition est exigée pour le recel des personnes par l'empereur Valentinien. *Et latrones quisquis sciens susceperit et eos offerre judicio supersederit, supplicio corporali,* etc... *plectetur* (2). Si donc, c'est un pur motif

(1) 3, § 2, Dig., XLVII, 9.
(2) 1, Code, IX, 39.

d'humanité qui a guidé la personne accusée de recel, ou si elle a agi dans l'ignorance de la qualité de celui qu'elle a reçu, ou par toute autre bonne raison, elle doit être certainement déchargée des fins de l'accusation. *Ceterum si quis ut domino custodiret, recepit, vel humanitate, vel misericordia ductus, vel adprobata atque justa ratione, non tenebitur* (1).

La condition de dol est donc nécessaire ; mais est-elle suffisante pour donner au recel le caractère d'un acte de complicité ? *Eos qui secum alieni criminis reos occultando eum eamve sociârunt.* Tels sont les termes dans lesquels une des lois qui définissent le recel paraît supposer une association préexistante au crime, et ayant pour but d'en soustraire les auteurs à l'atteinte de la justice. *A priori,* on est assez disposé à interpréter strictement ce texte. Cette nouvelle condition ferait en effet mieux comprendre et justifierait même dans une certaine mesure l'esprit de la loi romaine. Car la promesse expresse ou tacite antérieure au crime, constituant dans une certaine mesure un encouragement à le commettre, soutiendrait à la rigueur la comparaison avec un acte de complicité. Cette réflexion conduit à remarquer que parmi les différents textes relatifs au recel, il en est qui édictent des peines spéciales, quelquefois même très-différentes de celles infligées aux auteurs du crime ; l'une des consé-

(1) 5, Dig., XI, 3.

quences ordinaires et naturelles de la complicité qui, comme nous le verrons, consiste dans la similitude de châtiment, ne se rencontre donc pas dans ces espèces. Or, en les examinant de plus près, il est aisé de constater qu'elles sont relatives à des cas isolés de recel qui ne supposent ni une association ni une promesse de refuge antérieure au crime ; ainsi la loi suivante : *Et latrones quisquis sciens susceperit et eos offerre judicibus supersederit, supplicio corporali, aut dispendio facultatum, pro qualitate personæ et judicis æstimatione plectetur* (1). Les textes au contraire qui assimilent le recéleur et le complice au point de vue de la pénalité se réfèrent à des hypothèses dans lesquelles la condition nouvelle est remplie. C'est ainsi que, la même loi, dans sa première partie, dit en effet d'une manière générale, comme nous l'avons vu plus haut : *Eos qui secum alieni criminis reos occultando eum eamve sociârunt par ipsos et reos pœnâ expectet.* Marcien, au Digeste, confirme cette interprétation, lorsque, parlant de ce *pessimum genus receptatorum sine quibus nemo diù latere potest,* il désigne une sorte de race de misérables dont le métier est de fournir un refuge aux brigands; et dès lors, *quia cum apprehendere latrones possunt,* ce qui suppose bien que les voleurs viennent se réunir chez eux, *pecuniâ acceptâ et subreptorum parte, demiserunt, in pari causa habendi sunt.*

(1) 1, Code, IX, 39.

C'est absolument la définition du recéleur d'habitude, de celui qui pactise tacitement au moins avec tous les brigands et fait trafic de la protection coupable qu'il leur donne.

De toutes ces remarques nous serions donc porté à conclure qu'aux yeux de la jurisprudence romaine la condition de promesse antérieure, expresse ou tacite, était nécessaire pour donner au recel le caractère de la complicité. Quant aux nombreux textes qui punissent cet acte coupable à la seule condition de dol et d'une manière spéciale, ils nous semblent faire purement et simplement retour aux principes qui se refusent à voir dans des actes postérieurs à un crime les conditions constitutives de la complicité.

Notre manière de raisonner est d'ailleurs conforme à la règle d'interprétation que nous avons rappelée à propos du non-empêchement, et c'est pourquoi nous persistons dans notre conclusion.

Nous n'avons pourtant pas la prétention de poser en règle absolument générale, qu'il n'y a de recéleurs complices, que parmi ceux qui sont frappés de la même peine que les auteurs principaux. Nous serions contredit par des textes tels que le suivant. *Receptores aligeorum qua pœna plecti debeant epistola D. Trajani ita cavetur, ut extra terram italiam decem annis relegarentur*, tandis que *aligei ad gladium damnari solent* (1). Or les *recep-*

(1). 3, § 3, et 1 pr., Dig., XLVII, 14.

tores aligeorum, c'est-à-dire ceux qui donnaient asile aux voleurs de troupeaux, devaient le plus souvent être des recéleurs d'habitude ou convenus à l'avance; car tout le monde n'est pas prêt à recevoir des troupeaux entiers. Nous ferons seulement remarquer relativement à la peine, qu'elle est édictée par Trajan à une époque où l'arbitraire impérial s'introduisait déjà dans la législation. Mais, quant au fond, cette décision ne peut aucunement altérer la valeur de notre conclusion sur les caractères de la complicité par recel, puisqu'elle punit, nous l'avons reconnu, des recéleurs d'habitude.

CHAPITRE IV

CONSÉQUENCES PÉNALES DE LA COMPLICITÉ.

Nous avons reconnu les caractères de la complicité en droit romain, les conditions générales de son existence et les cas principaux dans lesquels elle se produit. Mais arrivé à ce point, notre problème n'est encore résolu qu'à moitié. L'importante question qui reste à résoudre pour le compléter est celle de savoir quelle part de responsabilité la loi faisait aux différents complices dont nous avons reconnu l'existence et les caractères.

La science rationnelle, prenant pour point de départ

l'idée d'association et d'union, est logiquement conduite à infliger la même espèce de peine aux différents complices d'un même délit. Cette conséquence naturelle des faits envisagés tels qu'ils se comportent et se présentent à l'esprit me paraît avoir été comprise par les jurisconsultes romains. *Nihil interest occidat quis, an causam mortis præbeat* (1). Tel est en effet le principe que nous trouvons consacré dans une foule de décisions, au Digeste et au Code. A propos de la complicité réelle, Marcien dit, en parlant de la loi *Cornelia, De Sicariis : Ejusdem legis pœna adjicitur qui in publicum mala medicamenta vendiderit, vel hominis necandi causa habuerit* (2). Valentinien, au Code, *De Paganis*, d'une manière générale dispose que : *Conscii etiam criminis, ac ministri sacrificiorum eamdem pœnam, quæ in illum fuerit irrogata, sustineant* (3).

Pour la complicité fictive nous voyons : *Miles qui ex carcere, dato gladio, erupit pœna capitis punitur : eadem pœna tenetur et qui eum quem custodiebat deseruit* (4). La non-prohibition du crime de fausse monnaie est aussi punie comme ce crime lui-même (5).

La complicité spéciale de recel est enfin réprimée d'après le même principe d'assimilation dans le texte suivant, au

(1) 15 pr., Dig., XLVIII, 8.
(2) 3, § 1, Dig., XLVIII, 8; *Conf.*, 5, § 10, Dig., XLVII, 10.
(3) 7, Code, I, 11.
(4) 38, § 11, Dig., XLVIII, 19.
(5) 9 pr. Dig., XLVIII, 10.

Code, *De crimine peculatus: His quoque nihilominus qui ministerium eis ad hoc adhibuerunt, vel qui subtractas ab his scientes susceperunt eadem pœna percellendis* (1). Décision confirmée au Digeste par Marcien en ces termes : *Præcipitur, ut perinde puniantur atque latrones* (2).

L'autorité de cette décision, si générale qu'elle paraisse, souffre cependant une difficulté. Certains jurisconsultes en effet, les Sabiniens, distinguaient quatre espèces de vol, le *furtum manifestum* et *nec manifestum*, le *furtum oblatum* et le *furtum conceptum*. A proprement parler, c'étaient plutôt, comme le fait remarquer M. Ortolan, des actions inhérentes au vol selon les circonstances accidentelles qu'il présentait. Quoiqu'il en soit, on donnait l'*actio furti concepti*, nous disent les Institutes, *cum apud aliquem testibus præsentibus furtiva res quæsita et inventa sit ;* en d'autres termes, c'est l'action spécialement dirigée contre le recéleur et qui a pour résultat une *pœna* spéciale du triple. Dans ce système donc il semble bien que l'assimilation ne fut pas parfaite entre le recéleur et l'auteur principal. Mais on peut faire une double réponse à cette objection et dire d'abord que l'*actio pœnalis furti concepti* n'étant après tout qu'une action civile, peu importe au fond à notre point de vue qui est purement pénal. En outre, il faut observer que l'exercice de cette action sup-

(1) 1, Code, IX, 28.
(2) Dig., XLVII, 16.

posait une perquisition dans des formes solennelles, qui avec le temps tombèrent en désuétude, entraînant avec elles dans l'oubli l'*actio furti concepti*, si bien que Justinien ne la rapporte plus que pour mémoire et par pur intérêt historique. Au moins sommes-nous en droit de dire qu'à l'époque des Institutes l'assimilation du recéleur à l'auteur était certaine.

Une application aussi générale et aussi complète d'une idée, d'ailleurs conforme à la raison des choses, nous semble révéler l'existence d'un principe incontestable. En ce point donc, comme en beaucoup d'autres, nous trouvons encore l'idée romaine conforme à la science rationnelle. Toutefois, une imperfection capitale doit être signalée dans la théorie des jurisconsultes. Si nous avons en effet admis le principe de l'assimilation, la justice nous a fait un devoir d'en limiter l'effet à l'espèce de la peine et d'établir des distinctions, ou de laisser au juge une latitude indispensable à raison des différences considérables de culpabilité que la complicité comporte. Le droit romain ne paraît pas, en général, avoir tenu compte de cette importante considération, et nous aurons à constater la fâcheuse influence que sa théorie trop absolue exerça longtemps sur les législations modernes.

Nous ne pouvons cependant nous dissimuler que le principe souffrait de nombreuses exceptions, parfois assez graves pour faire douter de la généralité de la règle. Nous examinerons avec soin les principales d'entre elles, et peut-être trouverons-nous des raisons suffisantes pour les expliquer.

La complicité fictive nous fournit un double exemple fort intéressant : *Frater autem ejus qui cognoverat tantum, nec patri indicaverat, relegatus est; et medicus supplicio affectus* (1). Cette double exception peut, il me semble, se justifier même en présence du principe absolu de l'assimilation. La science rationnelle établit en effet au point de vue de la pénalité une distinction fort juste entre le complice auxiliaire et le complice coauteur ; elle n'inflige jamais au premier la peine semblable qu'avec un abaissement en rapport avec sa moindre responsabilité. Or, à Rome, les différents textes que nous avons cités ne peuvent suffire à le démontrer, l'échelle des peines était ignorée ; la plupart du temps arbitraires dans leur formation, elles ne pouvaient se classer par genres applicables de préférence à telle où telle espèce de crimes et rarement elles étaient susceptibles de gradation. L'idée de la proportion entre le châtiment et la faute commise, bien que négligée en principe, ne devait pourtant pas être absente de l'esprit de la jurisprudence. Dès lors, quand un abaissement était nécessité impérieusement par une différence considérable dans la responsabilité, il fallait bien édicter une autre peine que celle infligée à l'auteur principal. Le supplice affreux du parricide (2), pour rentrer dans notre

(1) 2, Dig., XLVIII, 9.

(2) Cousu dans un sac avec un chien, un coq, une vipère et un singe, renfermé dans cette prison venimeuse, le parricide sera,

exemple, était ainsi remplacé par la peine moins rigoureuse de la relégation pour le fils et par celle de la mort pour le médecin. Le fils qui n'avait pas cherché par sa révélation à empêcher le meurtre de son père, bien que coupable, l'était en effet moins que son frère le parricide, et peut-être moins aussi que le médecin, dont la conscience n'avait pu être troublée ni égarée par les mêmes sentiments.

Telle est l'explication générale, que je donnerais volontiers, des exceptions qui peuvent se rencontrer à la règle d'assimilation. Cette explication est même justifiée de la manière la plus complète par une dérogation relative au crime de rapt. *Pœnas autem quas prædiximus, id est mortis et bonorum amissionis non tantum adversus raptores, sed etiam contrà eos qui hos concitati in ipsa invasione et rapinâ fuerint constituimus: cæteros autem omnes qui conscii et ministri hujusmodi criminis reperti et convicti fuerint, vel qui eos susceperint, vel qui quicumque opem eis tulerint..... pœnæ tantummodo capitali subjicimus* (1). Cette loi n'est que le développement de notre théorie. Nous la voyons en effet consacrer dans sa première partie, pour ceux *qui hos concitati in ipsâ invasione et rapine fuerint*, le principe de l'assimilation;

suivant la nature des lieux, jeté dans la mer ou dans un fleuve, afin que l'usage de tous les éléments commence à lui manquer même avant sa mort, que le ciel soit dérobé à ses yeux et la terre à son cadavre. (*Institutes* de Justinien, IV, 18, § 6.)

(1) 1, § 2, Code, IX, 13.

cæteros autem omnes, c'est-à-dire ceux qui n'ont joué qu'un rôle évidemment secondaire, et dont la culpabilité par suite est beaucoup moindre, *pœnæ tantummodo capitali subjicimus*. Et remarquons avec soin qu'ici la similitude dans la peine est conciliée aussi bien que possible avec la justice à l'aide d'une gradation qui, supprimant la confiscation des biens, laisse subsister la peine capitale.

Une autre exception, radicale celle-là, est relative aux complices de ceux qui se sont injustement emparés des terrains abandonnés par le Nil. Les auteurs principaux sont condamnés à être brûlés et les complices sont déportés ; il y a, dans ce cas, abandon complet du principe, mais qui peut se justifier par l'évidence de la même nécessité de proportion entre la peine et la faute, et qui s'explique encore par cette idée, que les empereurs Théodose et Honorius, déjà bien éloignés de l'époque classique, ont pu parfaitement, et nous dirons avec raison dans l'espèce, édicter une disposition contraire à la doctrine des jurisconsultes.

Enfin, il est au titre *De Pœnis* une décision de Paul, contemporaine par conséquent de l'époque à laquelle nous nous plaçons pour apprécier les principes reçus en la matière, et qui paraît complétement étrangère, sans motifs d'ailleurs apparents, à la règle que nous avons posée. *Metrodorum cum hostem fugientem sciens susceperit in insulam deportari, Philoctetem quod occultari eum non ignorans diu dissimulaverit in insulam relegari pla-*

cet (1). Mais cette loi traite une hypothèse toute spéciale et qui ne rentre nullement dans les faits constitutifs de la complicité; si en effet Métrodore et Philoctète sont complices par recel d'un délit, quel est donc ce délit ? Où est son auteur principal ? Évidemment ce n'est pas l'*hostes* qui cherche à s'enfuir, pas plus que l'esclave *fugitivus* n'est auteur d'un délit quelconque. Que faut-il alors reconnaître, si ce n'est que nous sommes en présence d'un délit spécial commis successivement par Métrodore et par Philoctète, méritant une peine spéciale et une peine proportionnée à l'étendue de la faute commise respectivement par chacun d'eux, ce qui nous explique à la fois et la spécialité et la différence des peines imposées aux deux délinquants.

Une dernière remarque nous reste à faire ; elle est relative à la complicité par recel. La loi I, *De Receptatoribus,* pose en principe, nous l'avons vu, l'assimilation absolue du recéleur à l'auteur au point de vue de la peine. Mais la loi II, dans l'hypothèse particulière où le recéleur est parent de l'auteur, use d'indulgence à son égard ; c'est qu'elle trouve en effet, et avec raison, une cause d'atténuation dans le lien de parenté unissant les deux complices.

Pour nous résumer, nous dirons donc que la loi romaine pose en principe l'assimilation des peines entre les complices d'un même délit ; et que, si des textes assez

(1) 40, Dig., XLVIII, 19.

nombreux semblent contredire cette règle, c'est par suite de l'imperfection des peines adoptées à Rome et de la nécessité cependant impérieuse dans certains cas de proportionner le châtiment à la responsabilité. Enfin, parmi ces textes eux-mêmes, il en est qui peuvent s'expliquer par des raisons particulières, laissant subsister entière l'autorité de la règle d'assimilation dans les limites de son application possible.

L'existence du principe fondamental reconnue, quelques questions accessoires se présentent.

La première que nous examinerons sera celle de savoir si le complice peut être poursuivi sans que l'auteur principal le soit. Si, en effet, c'est un esclave, un fils, ou une épouse qui a frauduleusement soustrait quelque objet à son maître, son père ou son mari, bien que, dans la nature des choses, il y ait vol, l'*actio furti* ne peut être donnée; *furti actio non nascitur quia nec ex alia ulla causa potest inter eos actio nasci* (1). Dès lors, une personne étrangère qui se sera rendue complice de vol sera-t-elle poursuivable? Les Institutes répondent affirmativement : *Si vero ope consilio alterius furtum factum fuerit, quia utique furtum committitur, convenienter ille furti tenetur quia verum est ope consilio ejus furtum factum esse.* C'est aussi ce que disent plusieurs autres textes et notamment la loi XXXVI, § 1, au Digeste,

(1) *Inst.*, IV, 1, § 12.

De Furtis en ces termes : *Item placuit eum qui filio, vel servo, vel uxori opem fert furtum facientibus, furti teneri : quamvis ipsi furti actionem non conveniantur.* La question était donc résolue d'après les principes.

Des divergences s'étaient pourtant produites relativement à la femme. Certains jurisconsultes, Nerva et Cassius, pensaient qu'il n'y avait pas vol, *quia societas vitæ quodammodo dominam eam faceret;* Sabinus et Proculus au contraire regardaient bien l'épouse comme ayant commis un vol, mais refusaient contre elle l'exercice de l'*actio furti; nam et in honorem matrimonii turpis actio adversùs uxorem negatur* (1). La dernière opinion, d'après la décision des Institutes et de la loi LVI, *De Furtis,* avait incontestablement prévalu ; ajoutons que ce fut avec raison, car le motif invoqué par Nerva et Cassius était illusoire, puisqu'il n'empêchait pas l'*actio rerum amotarum* de s'exercer contre la femme.

Une autre question, qui divise encore aujourd'hui les interprètes de notre propre législation, a été également tranchée par la jurisprudence romaine. Le complice subit-il l'influence des circonstances aggravantes inhérentes au fait lui-même ou personnelles à l'auteur principal et aggravant en ce dernier cas le crime commis ? Il faut en droit romain répondre affirmativement et sans distinctions. Quant aux qualités personnelles de l'auteur prin-

(1) 1 et 2, Dig., xxv, 2.

cipal aucun doute ne peut s'élever en présence de la loi VI, *De Parricidiis : Utrum qui occiderunt parentes an etiam conscii, pœna parricidii adficiantur quæri potest? Et ai Mœcianus etiam conscios eadem pœna adficiendos, non solum parricidas : proinde conscii etiam extranei eadem pœna adficiendi sunt.* Ce texte est d'ailleurs confirmé par celui qui le suit. Nous avons il est vrai rapporté plus haut la décision de la loi II, au même titre, qui inflige une peine spéciale au fils et au médecin, complices par non-révélation ; mais il nous suffira de rappeler que cette peine spéciale et plus douce a sa raison d'être dans une responsabilité jugée moindre, et nous ajouterons comme justification de notre théorie sur l'aggravation que, si, dans l'espèce, le fils et le médecin, complices par non-révélation, sont frappés comme tels, c'est à raison du caractère particulier de gravité du crime qui a été commis.

Si nous nous reportons maintenant au titre *De Pœnis,* nous y trouvons la démonstration générale de cette théorie aussi bien pour les circonstances que pour les qualités aggravantes. La loi XVI, en effet, après cette énumération déja citée des divers modes de délit et des divers moyens d'y participer, ajoute : *Quosque alios suadendo juvisse, sceleris est instar ;* puis, dans les paragraphes suivants, elle examine précisément les différentes circonstances d'aggravation qu'il faut prendre en considération pour faire application de la peine tant aux complices qu'aux auteurs ; voici l'énumération qu'elle en fait au paragraphe 1er : *Sed hæc quatuor genera consideranda sunt septem modis : causa, persona, loco, tempore, qualitate, quantitate et eventu.* C'est comprendre dans l'assimilation toutes les circonstances d'aggravation qui peuvent se produire à l'occasion d'un délit.

En exposant le principe de la pénalité nous avons déjà constaté qu'il était souvent limité par la justice ; nous allons reconnaître aussi qu'il ne prétendait pas aller au delà des bornes naturellement indiquées par la nature des faits.

A Rome, on distinguait plusieurs espèces de vols, et notamment le *furtum manifestum* du *furtum nec manifestum* ; le premier était celui dans lequel on prenait le voleur sur le fait ou bien une personne encore nantie des objets volés et cherchant à les mettre en lieu de sûreté. La *pœna* résultant de *l'actio furti manifesti* était du quadruple, et celle de *l'actio furti nec manifesti* seulement du double. Dès lors nous voyons qu'en règle générale : *Is qui opem furtum facienti fert nunquam manifestus est : itaque accidit ut is quidem qui opem tulit, furti nec manifesti ; is autem qui deprehensus est, ob eamdem rem, manifesti teneatur* (1). Certaines personnes ont trouvé dans cette décision une altération du principe ; elle nous semble tout au contraire l'appliquer,

(1) 34, Dig., XLVII, 2.

mais seulement il est vrai dans les limites de la réalité des faits ; à moins de détruire en effet la définition du vol manifeste, il était impossible de décider autrement. Et cette observation est si vraie que, aussitôt que le complice remplit les conditions du vol manifeste : il est atteint de l'action correspondante : *Is qui perferendum acceperit et scierit furtivum esse, constat si deprehendatur ipsum duntaxat furem manifestum esse*(1). L'homme qui consent à emporter un objet volé, qui donne ainsi son assistance volontaire par un fait consommant l'action principale, est bien un complice, mais, comme on l'a pris nanti des objets volés, il subira naturellement les conséquences de l'*actio furti manifesti*.

Nous avons ainsi déterminé les limites et la portée de la règle adoptée par le droit romain sur les conséquences pénales de la complicité. C'est là que se borne notre tâche pour cette époque importante de l'histoire du droit. Dans le cours de cette étude nous avons eu plus d'une fois l'occasion de remarquer de nombreux points de rapprochement entre la jurisprudence romaine et la science rationnelle telle que nous l'avons comprise et exposée. Des imperfections et des lacunes nous sont aussi apparues, tenant quelque peu à l'esprit par trop méthodique des jurisconsultes, à l'arbitraire du système impérial, et surtout enfin à l'absence complète d'un système rationnel de peines.

(1) 35 pr., Dig., *eod. tit.*

Au fond, ici, comme ailleurs, les tendances scientifiques sont très-développées et produisent leurs fruits : il faut rendre cet hommage et cette justice à la jurisprudence romaine.

DEUXIÈME PARTIE

—

LOIS BARBARES, COUTUMES ET ORDONNANCES. DROIT INTERMÉDIAIRE

CHAPITRE I

LOIS BARBARES

Dès le cinquième siècle, sous Honorius, les plus belles provinces de l'Empire sont envahies par les Barbares. Le premier et le plus vaste des établissements qui se forment alors sur les ruines de l'ancien monde est celui des Wisigoths, qui s'étend depuis la Loire jusqu'en Espagne.

L'histoire du droit nous apprend qu'au VIe siècle le dualisme qui existait primitivement dans la législation du royaume disparut, pour faire place à une loi unique redigée successivement par différents princes et dont la première collection est due à Isidore de Séville, évêque et grand personnage dans l'État.

Ce Code, si sévèrement jugé par Montesquieu (1), témoigne de l'influence encore sérieuse du droit romain, bien que cependant l'esprit général de la loi nouvelle soit absolument original. Ce dernier caractère d'ailleurs ne fera que donner plus d'intérêt à nos observations.

L'idée d'assimilation entre l'auteur principal et le complice apparaît dans la disposition suivante, que l'on serait tenté de prendre pour une loi romaine : *Non solum ille qui furtum fecit, sed etiam quicumque conscius fecerit, vel furtim ablata sciens susceperit in numero furantium habeatur, et simili vindictæ subjaceat* (2). Mais le système de tarif qui prétendait mesurer en deniers et *solidi* la responsabilité des criminels reprend bientôt son aveugle empire dans une foule de textes. *Si quis ad diripiendum alios incitaverit... illi cujus res direpta est, in undecuplum quæ sublata sunt, restituantur. Hi vero qui cum ipso fuerint... quinos solidos componere compellantur; aut si non habuerint unde componant,* L *flagella suscipiant* (3). C'est la complicité par conseil, ou à un

(1) Mais les lois des Wisigoths sont puériles, gauches, idiotes ; elles n'atteignent point le but. Pleines de rhétorique et vides de sens, frivoles dans le fond et gigantesques dans le style. (*Esprit des Lois*, liv. XXVIII, chap. 1er.)

(2) *Lois des Wisigoths*, loi VII, livre VII, titre II ; *Recueil de Canciani.*

(3) Loi VI, livre VIII, titre II.

point de vue plus élevé, la complicité morale. Toute idée d'assimilation disparaît en présence de la méthode du tarif ; mais, ce qui est plus important à nos yeux, l'analyse exacte d'un fait purement moral de responsabilité se dégage nettement des détails de cette disposition.

Le recel était puni chez les Wisigoths, comme chez les Romains. Les textes déjà cités le prouvent suffisamment ; mais il n'est pas sans intérêt d'en étudier quelques autres, spéciaux à ce cas de complicité : *Si quis ingenuus vel servus sciens latrones celandos susceperit, præsentet quos celavit et ducentos ictus accipiat flagellorum. Quod si non præsentavit, pœnam quam illi merebantur incurrat* (1). Le recel des personnes est puni d'une manière différente selon que le recéleur représente ou ne représente pas les criminels qui se sont confiés à lui ; au dernier cas, il y a assimilation de peine. Le recel des choses était puni comme celui des personnes ; il entraînait aussi pour le recéleur l'obligation d'indiquer ses complices : *Apud quem scelus aut pars rapinæ fuerit inventa, statim socios suos cogatur nominare ; quod si nominare voluerit, teneatur ad vindictam* (2). La même obligation se retrouve dans l'hypothèse suivante qui témoigne de la sévérité excessive de la loi wisigothe en matière de recel : *Si quis rem furtivam sciens a fure comparaverit, ille*

(1) Loi XIX, livre XIX, titre I.
(2) Loi X, livre VIII, titre II.

qui emit suum præsentet auctorem, et postea tanquam fur componere non moretur. Si vero furem non invenerit duplam compositionem quæ a furibus debetur, exsolvat ; qui apparet et illum furi esse similem, qui rem furtivam sciens comparasse agnoscitur (1).

Remarquons toutefois que la connaissance du vol ou de la qualité des personnes est impérieusement exigée chez le recéleur, sans toutefois qu'il apparaisse une condition d'habitude : sur ce point encore la loi barbare nous paraît plus sévère que la loi romaine.

Ces dispositions, à l'origine desquelles le droit romain n'a cependant pas été étranger, dérivent principalement de la vieille loi gothique. Après avoir respecté l'autorité de leur droit pour les sujets romains du royaume, elles devinrent la loi génerale et c'est en cet état qu'elles nous sont parvenues dans la collection d'Isidore de Séville.

La loi Salique mérite aussi d'attirer notre attention : *Si quis villam alienam adsalierit ipse et omnes qui convicti fuerint quod in ejus contubernio fuissent MMD (denariis) qui faciunt solidos* LXII *unus quisque ipsorum culpabilis judicetur* (2). L'expression de *contubernium* comprend toute association, toute entente, tout concours de criminels dans un même but coupable ; elle répond absolument à l'idée de complicité. Le tarif que nous avons

(1) Loi IX, livre VII, titre II.
(2) *Loi Salique*, loi I, titre XVI, Canciani.

déjà vu dans la loi wisigothe se trouve ici appliqué sans aucune restriction. C'est le principal système de pénalité admis chez les Germains.

La disposition suivante est très-curieuse : *Quod si corpus occisi hominis tres plagas vel amplius habuerit, tres qui inculpantur et quod in eo contubernio fuissent, convincuntur, legem superius comprehensam singulatim cogantur exsolvere. Alii vero tres de eodem contubernio MMMDC denariis qui faciunt solidos XC, unusquisque illorum culpabilis judicetur. Et tres adhuc in tertio loco de eodem contubernio, MDCCC denarios, qui faciunt XLV, singuli eorum cogantur exsolvere* (1). Les agents et complices du crime sont divisés en trois catégories, composées chacune de trois coupables, et correspondant à une peine spéciale.

La complicité morale apparaît dans le texte suivant : *Sic dans, accipiens, portans, unusquisque illorum culpabilis judicetur* (2). Il s'agit d'un marché intervenu entre deux personnes, et ayant pour but le meurtre d'une troisième, à charge par l'une des deux premières de payer la seconde, exécuteur de ses desseins coupables. Dès lors, dit la loi, celui qui paie, celui qui reçoit et toute personne qui sert d'intermédiaire dans cette association criminelle est coupable ; de plus, ils subiront le même châtiment.

(1) Loi III, tit. XLIV, Canciani, p. 144.
(2) 3, *In fine*, tit. XXX.

L'assimiliation de peine est encore prononcée sous la forme d'un partage en matière de rapt. *Si qui tres homines ingenuam puellam de casa rapuerint, unusquisque eorum MCC denariis, qui faciunt solidos XXX, culpabilis judicetur* (1).

Enfin l'une des plus intéressantes questions relatives à la complicité est tranchée par la loi salique, disposant que, si le mandant est puni comme le mandataire, il ne répond pas toutefois des excès commis par celui-ci en dehors des termes de son mandant (2).

Pour achever de caractériser ces lois d'origine germanique nous rappellerons une ancienne coutume qui avait établi un singulier système de complicité fictive.

Tous les membres d'une centène étaient solidaires les uns des autres pour la réparation du dommage causé par le fait de l'un d'eux.

Plusieurs personnes prenant part à un festin, si un meurtre est commis pendant l'orgie, les survivants sont tous tenus de payer la composition ou de livrer le meurtrier (3).

On retrouve, à l'époque féodale, l'influence persistante de ce trait de mœurs dans la solidarité pénale qui unit tous les membres d'une même seigneurie dans la responsabilité du méfait commis par l'un des seigneurs : en livrant le

(1) Loi I, tit. XIV, Canciani.
(2) Titre XXVIII.
(3) *Pact. leg. Sal.*, tit. XLVI.

coupable, ils échappaient aussi aux conséquences de cette complicité fictive.

Cette législation toute germaine nous a bien éloigné du droit romain ; toute trace de son autorité a disparu ; nous nous trouvons seulement en présence d'une raison encore peu éclairée, bien que guidée par un sens moral exact. L'arbitraire et la fantaisie ont aussi leur part dans ces dispositions, et l'unité d'un principe général leur fait absolument défaut.

Les lois Anglo-Saxonnes, rapportées par Canciani établissent un partage extrêmement bizarre entre les différentes personnes qui peuvent être responsables d'un même crime. La loi suivante, du roi Ælfred, qui vivait à la fin du huitième siècle, en est un intéressant exemple. *Si quis arma sua alteri mutuo det ad aliquem occidendum, debent conjungi si velint, pro æstimatione capitis ejus. Si seipsos conjungere nolint, solvat ille qui arma mutuo dedit, tertiam partem œstimationis capitis, et tertiam partem militæ* (1). D'ailleurs, les dispositions de ces lois relatives à la complicité sont encore moins nettes que dans la loi salique.

Nous ne citerons plus pour terminer cet aperçu historique sur des temps déjà bien reculés, et dont la barbarie forme un si singulier contraste avec la civilisation romaine, qu'un extrait du droit Gallois, emprunté au travail

(1) Canciani, *Leges Ælfredi*, l. XIX.

de compilation fait il y a déjà plusieurs années sur l'ordre du gouvernement anglais, et qui met en lumière quelques questions relatives à notre matière.

Nous prendrons pour exemple l'hypothèse de l'incendie qui présente en effet les formes de complicité les plus variées.

« Le premier chef de complicité d'incendie, dit la loi, « consiste à donner le conseil de brûler la maison.

« Le second, à consentir à le faire.

« Le troisième, à se rendre à la maison dans l'intention « de la brûler.

« Le quatrième, à porter le feu.

« Le cinquième, à tirer du feu.

« Le sixième, à faire la garde.

« Le septième, à souffler le feu jusqu'à ce qu'il s'al- « lume.

« Le huitième à fournir le feu à l'incendiaire.

« Le neuvième à regarder brûler (1). »

La complicité morale et la complicité physique se dé-

(1) The first accessary of fire is giving counsel to burn the house.
The second is, consenting to burn it.
The third is, going for the purpose of burning it.
The fourt his, carrying the fire.
The fifth is, striking the fire.
The sixth is, procuring tender.
The seventh is, fanning the fire till it shall kindle.
The eighth is, giving the fire to the person who shall burn with it.
The ninth is, seeing it burning. (*Venedotian Code*).

gagent nettement de ces dispositions. Quant à l'énumération des chefs de complicité, si arbitraire qu'elle soit, elle paraît au moins avoir l'intention d'être limitative. En présence des principes caractérisant la complicité, ce serait peut-être un défaut ; mais dans une législation qui, comme celle-ci, n'énonce pas formellement des principes certains, cette limitation devient une qualité, parce qu'elle a nécessairement pour effet de mettre des bornes aux écarts de l'appréciation individuelle et arbitraire des juges.

CHAPITRE II

COUTUMES ET ORDONNANCES

Au treizième siècle, les principes de notre droit coutumier commencent à se fixer, les premiers commentateurs des coutumes apparaissent. C'est une des époques les plus intéressantes de l'histoire du droit français ; elle nous fournira sans doute des documents sur la matière de la complicité, l'une des plus pratiques du droit pénal, et qui, nous l'avons constaté, n'a pas été étrangère aux législations les moins avancées.

Beaumanoir, au chapitre XXXI de son commentaire de la coutume de Beauvaisis, définit la complicité en ces termes.

« Chil qui recoite le chose emblée a essient et sait que

« ele fut emblée, et chil qui le pourchasse à embler et chil « par quel conseil ele fut emblée et par quel consentement, et chil qui partist à le chose emblée tout ne feust « il pas au larrecin fere, tint chil sont coupable dou fait « aussint bien comme se il i eussent esté et doivent être « justiciés pour le fet quant il en sont atains. » Et quelques lignes plus loin : « Il est resons que chil soit coupable « dou larrecin qui en fet fouir les bestes d'aucuns à essient en tel lieu que ses compains le puist embler, ou « qui donne lieu au larrecin fere ; si come aucuns de ma « mesnié ouvre l'huis aux larrons. »

Certes nous sommes bien loin de la précision et de la hauteur de vue des jurisconsultes Romains, mais il importe de remarquer au milieu de ces exemples qui ne suffisent pas à donner une idée complète de la complicité l'assimilation constante des différents complices d'un même crime. C'est déjà un principe mal établi, il est vrai, contestable dans son sens absolu, mais dont l'existence est certaine et qui se pose ainsi dès les débuts de notre législation coutumière. Faut-il y voir la persistance de l'idée romaine ? Je ne serais pas porté à le croire ; car ces travaux sont bien antérieurs à la renaissance du droit romain en notre pays, et je regarderais volontiers cette idée comme une idée purement originale. Elle est d'ailleurs dans son principe si conforme à la nature des choses, qu'il n'est pas étonnant de la trouver énoncée dans l'un des premiers commentaires raisonnés de la loi coutumière.

Le recel est aussi considéré par Beaumanoir comme un fait de complicité ; les premiers mots du passage déjà cité en témoignent de la manière la plus claire. Il détermine même les circonstances dans lesquelles le recel est certainement établi : « chil est bien attains de receler « larrecin contre qui il est prouvé que, il prist louier de « garder à autrui che que il savait qui estait emblé « à autrui personne que à cheli qui lui bailla, ou « l'acheta à meure pris la moitié que elle ne valait et « bien savait que la chose estait à autrui que à cheli qui « la vendait, et pour che doit il estre punis dous fet. » Ce texte va même jusqu'à punir comme recèleur celui qui achète pour son propre compte une chose qu'il sait volée ; il est vrai que la circonstance d'achat à vil prix implique une intention de lucre coupable. Une condition plus essentielle et plus sérieuse ressort du texte ; c'est celle de la connaissance du délit chez le recéleur.

Celui-ci enfin a l'avantage de certains moyens pour se disculper, en rejetant la responsabilité tout entière du délit sur son auteur. « Quant tel cas avient, si chil qui « est pris à tout le larrecin puet trouver son garant qui li « bailla, il est délivrés, et se il ne puet si comme se il « s'en est fuis, ou se il est en lieu où il ne puisse être jus- « ticiés, bonne renommée puet bien aidier à cheli qui est « pris à tout la chose emblée....., si comme se il dit le « lieu là où il estait quant li larrecin fut fet et le prueve, « et l'on voit que che fu en tel lieu que il ne peust pas « fere le larrecin.

Jean Bouteiller, à une époque de la législation bien plus avancée il est vrai, consacre dans son grand coutumier tout un chapitre à la complicité.

« Quand plusieurs sont à un délit, que les autres sont, « et les autres non, lesquels sont coupables du délit ? » C'est poser de la manière la plus nette le problème de la complicité. Le jurisconsulte le résout de la manière suivante : « Sçachez que souvent advient que à un délit sont « plusieurs, dont les uns sont faiseurs, et les autres non. « Si est à sçavoir que tous sont faiseurs qu'au délict faire « mettent peine soit en conseillant ou en confortant, soit en « soutenant ou en commandant à le faire, soit en instituant, « enseignant à faire, ou participant, si comme de prêter « chevaux, varlets, armures à escient pour ce faire, soit en « conduisant ou devisant du faut faire, soit par menaces « précédentes, tous tels sont tenus complices comme fai- « seurs, selon la loi écrite.

« Mais autres y a qui à un délict peuvent bien faire compa- « gnie et si ne seront pas tenus pour complices ne pour fai- « seurs. Si comme est le voisin d'ancun ou ceux qui aucunes « fois accompagnent sans sçavoir rien du cas, ou comme « sont aucuns qui entre les délinquants vont et se mettent « pour déffaire le débat et oster le mal apparent, sans en « aller avec les faiseurs, car ceux qui seurement si veut « oster d'être tenu pour complices ne doit s'en aller avec « les faiseurs, comme qui que ce soit, car à venir avec « eux n'y a pas si grande suspicion : car tel va avec

« autre dont il ne sait pas la pensée. Mais en r'aller avec « après le fait ne s'en peut nul ignorer, et par la loy « ceux ne sont complices qui de sçavoir et de vouloir ne « sont consentans au faict. »

Nous trouvons ici une définition beaucoup plus précise de la complicité, déterminant aussi bien la participation morale que la participation physique; disculpant avec soin, suivant les principes de connaissance de cause et d'intention, ceux qui d'après les apparences pouvaient être enveloppés dans la responsabilité commune d'un délit. Le jurisconsulte en reste, il est vrai, à ces premiers éléments du problème et n'aborde aucune des difficultés accessoires qu'il soulève. Il paraît aussi confondre les coauteurs et les complices; mais son analyse n'en subsiste pas moins ingénieuse et exacte.

Le droit des Ordonnances, inspiré quelquefois par les nécessités ou les passions du moment, s'inquiète moins des principes.

Saint Louis, en 1270, déclare que « si aucuns ou aucunes « tenait compaignie aux murtriers, qui les consentissent, « et ne emblassent rien, si leur ferait len autretant de « peine, comme si eus l'eussent emblée. » Les hommes et les femmes qui ont tenu *compaignie* sont sur la même ligne; et cependant au commencement de ce texte, nous lisons : « Fames qui sont avec murtriers et avec larrons, « et les consentent, si sont à ardoir. » Or la peine des larrons et meurtriers était d'être pendus, et nous voyons que les femmes leurs complices devaient être brûlées ; leur peine était donc plus dure, et le principe d'assimilation se trouvait absolument abandonné ; tandis que quelques lignes plus loin la peine des auteurs principaux est prononcée « contre aucuns ou aucunes qui leur tenait compaignie. » Que signifie donc cette contradiction ? Elle nous semble devoir être résolue de la manière suivante : ou les femmes participaient aux crimes, et alors elles étaient brûlées ; ou elles étaient seulement dans la compagnie des larrons et meurtriers, et dans ce cas, bien qu'elles n'eussent ni tué ni volé, comme elles consentaient hautement aux crimes commis, elles étaient punies comme les meurtriers et les larrons. Il est vrai que cette explication met le législateur absolument en opposition avec les principes élémentaires de la matière. Mais il ne serait pas rigoureux de conclure à un abandon complet de ces principes ni à l'existence d'une théorie toute particulière de la complicité. Notre Code pénal actuel, qui n'est pas suspect sur ce point, contient en effet relativement à l'adultère une décision absolument comparable à celle-ci : tandis que l'art. 337 ne condamne la femme coupable qu'à l'emprisonnement. L'art. 338 frappe en effet son complice de l'emprisonnement et de l'amende. Une prudente interprétation ne doit donc voir dans la décision de saint Louis qu'une sanction particulière à l'espèce qu'elle prévoit. Sa rigueur du reste ne doit pas étonner ; car la sévérité des principes professés sinon pratiques alors, en matière de mœurs, devait amener une répression sévère des actes qui leur portaient atteinte, comme ceux dont il s'agit dans l'ordonnance. Enfin, si l'on se place au point de vue historique, il ne faut pas oublier qu'à l'époque de saint Louis, Beaumanoir n'avait pas terminé son commentaire de la coutume de Beauvais, et que le droit des ordonnances, livré à lui-même, n'était pas encore éclairé par l'érudition des légistes.

Mais si la renaissance du droit romain vint un siècle plus tard donner plus de logique à la législation et plus d'unité au gouvernement, elle eut aussi pour effet de substituer aux idées simples et souvent exactes de la Germanie, les principes raisonnés mais quelquefois pervertis qui avaient gouverné le Bas-Empire ; et ce fut par application de ces principes, qu'attribuant à sa personne la majesté de la nation, on vit un roi dont le nom se devine aisément, constituer et ordonner, « que toutes personnes qui dores « en avant sçauront ou auront connaissance de quelques « traités, machinations, conspirations et entreprises qui « se feront à l'encontre de notre personne, de notre « très chère et aimée compagne la Royne, de notre très « cher et aimé fils de Dauphin de Viennois, et de nos « successeurs Roys et Reynes de France et de leurs en- « fants, aussy à l'encontre de l'état et seureté de nous ou « d'eux et de la chose publique et de notre royaume, soient « tenus et reputés crimineux du crime de lèze majesté, et « punis de semblable peine et de pareille punition que

« doivent être les principaux aucteurs, conspirateurs et « fauteurs et conducteurs des dits crimes, sans exception « ni réserve de personne quelconque. »

Cette disposition qui frappe la non-révélation des peines de la complicité est évidemment exorbitante. Elle mérite encore d'attirer la critique par l'application rigoureuse qu'elle fait du principe de l'assimilation, qui semble dès lors établi dans la loi pénale, sans aucune des restrictions que réclamait pourtant la justice la plus élémentaire. C'est à l'influence désormais triomphante du droit romain, qu'il faut attribuer ce défaut grave. Séduits par le magnifique spectacle de l'Empire, par les apparences merveilleuses d'ordre et de justice qui ressortent des textes du Digeste et du Code, les légistes, comme les littérateurs et les artistes, ne songèrent en effet qu'à imiter ce qu'ils admiraient. De la sorte, leur enthousiasme aveugle ne s'arrêtant à aucune distinction, ils firent trop souvent du roi de France un empereur dans son royaume, et, trop souvent aussi, introduisirent dans nos lois les principes erronés et les causes de dissolution que renfermait la législation romaine.

Toutefois il importe de remarquer la généralité des termes de l'ordonnance qui, frappant de la même peine toute personne sans exception ni réserve, proclame ainsi l'égalité de tous les hommes devant la loi. Par malheur la loi n'était alors autre chose que la volonté de Louis XI.

Un édit de François Ier, rendu à Châtillon-sur-Loing, le

9 mai 1539, donne lieu absolument aux mêmes remarques : « semblablement défendons très-expressément par ces « dites présentes à toutes personnes de quelque estat ou « condition qu'ils soient, de recevoir..... telle manière de « gens : ains si tost que telles personnes seront venues à « leurs cognaissance et notice ils le nous viennent re- « monstrer et déclarer.... sur peine d'estre dits complices « et fauteurs des autres et d'estre punies de pareille et « semblable peine. »

Ces principes rigoureux sont d'ailleurs confirmés de la manière la plus expresse par une ordonnance de Blois de mai 1579, et par l'art. 168 du Code Michaud.

Nous les trouvons encore exagérés par les édits et ordonnances relatifs au crime de duel. C'est ainsi que l'ordonnance de 1670 (titre xvi, art. 4), « probibe les lettres « d'abolition pour les duels et assassinats tant aux prin- « cipaux auteurs qu'à ceux qui les auraient assistés, ni à « ceux qui, à prix d'argent ou autrement, se louent ou « engagent pour tuer ou traquer, et excéder, ni à ceux qui « les auront loués ou indultés, pour ce faire, encore qu'il n'y « ait eu que la seule machination ou attentat et que l'ef- « fet n'en soit ensuivi, etc. » Un édit d'août 1679 dispose sur la même matière que « tous ceux qui tomberont dans « le crime d'être second, tiers, ou autre nombre égale- « ment, soient punis des mêmes peines que nous avons « ordonnées contre ceux qui les emploieront. » Nous aurons occasion de revenir sur cette question ; mais nous remarquons dès à présent qu'il n'y a pas lieu de s'étonner de voir la complicité du duel punie par les ordonnances, puisqu'elles avaient en effet érigé le duel en crime.

La complicité spéciale par recel, reconnue dans toutes les législations, subissait aussi l'application des peines sévères édictées par les ordonnances. Le receptateur qui achète pour le revendre le gibier tué en fraude des lois sur la chasse, est puni de la même peine que le délinquant. Un édit de 1546, art. 2, condamne à la potence celui qui recueille et recèle l'homme saisi les armes à la main. Enfin, une ordonnance de François II pousse la sévérité jusqu'aux dernières limites de la rigueur en disposant : « Que d'ores-« navant, quand il y aura aucuns de nos sujets condam-« nez, nos autres sujets, *soient leurs parents ou autres*, « ne les pourront recueillir, recevoir, cacher ni habi-« ter en leurs dites maisons ; ainsi seront tenus (s'ils se « retirent devers eux) de s'en saisir, pour les présenter à « justice, afin d'ester à droict. Autrement en défaut de ce « faire, nous voulons et entendons qu'ils soient tenus pour « coulpables et consentans des crimes, dont les autres « auront estés chargez et condamnez, et punis comme leurs « alliez et complices, de la même peine qu'eux. » C'est l'établissement d'une variété nouvelle de complicité par recel : mais la justice ne s'accommode pas d'un absolutisme aussi aveugle.

D'autres ordonnances, bien que fort générales dans leurs termes, semblent pourtant se renfermer dans des limites plus équitables : « Défendons à tous nos sujets de « quelque estat et qualité qu'ils soient de recevoir ni recé- « ler aucuns accusés et poursuivis en justice pour crime et « délit, ains leur enjoignons de les mettre ès mains de la « dite justice, sur peine d'estre punis de la même peine « que seront les coupables (1). » Mais il est à remarquer, dans cette disposition, comme dans la précédente, que la loi crée pour les recéleurs l'obligation positive de livrer à la justice ceux qui se réfugient chez eux. C'est encore une exagération de ce que les principes exigent.

Pour la justification des Rois législateurs, il ne faut cependant pas oublier de citer les règles posées en forme de maximes par Loysel dans ses Institutes coutumières. « Tous délits sont personnels ; en crime, il n'y a point de « garants ; » idée juste dans sa généralité, mais qu'on est tout étonné de voir exprimée à côté de celle-ci : « La « volonté est réputée pour le fait ; » tandis que, quelques lignes plus loin, on lit : « Tout mauvais cas est niable (2). » Avec de pareils principes, on peut aller loin.

Enfin, pour caractériser la législation qui régissait notre pays en matière pénale, sous l'empire des dernières ordonnances, et pour donner une idée de la doctrine alors en vigueur, je ne crois pouvoir mieux terminer cet exposé si incomplet, que par le passage suivant de Muyart de

(1) Ord. de Blois, de mai 1579.

(2) Loysel, *Institutes coutumières*, livre VI, titre I, § 3 et suiv.

Vouglans, l'un des plus sérieux criminalistes du dix-huitième siècle.

« Au reste comme on peut dire en général que le mau-
« vais conseil contribue toujours au crime, en ce qu'il
« augmente la malice de celui qui le commet, et qu'il le
« fortifie dans un dessein qu'il eut peut-être abandonné,
« s'il eut été détourné ; *il est toujours plus sûr dans le*
« *doute d'en rendre responsable celui qui l'a donné,* par
« la raison seule tirée de la règle de droit, qui veut que
« *ex consilio non fraudulenti non nascitur obligatio,*
« ce qui doit avoir lieu surtout en fait de crimes atroces,
« où, comme nous l'avons dit, *voluntas potius spectatur*
« *quam exitus.* »

C'était en vertu de ces principes, dont le seul énoncé nous étonne aujourd'hui profondément, que le conseiller de Thou avait été condamné sous la prévention de complicité par non-empêchement. Muyart de Vouglans rappelle et invoque ce précédent à l'appui de sa monstrueuse théorie.

Heureusement pour la justice et pour l'hnmanité, la grande parole de Beccaria devait bientôt étonner et réveiller les esprits. Méconnaissant en effet l'autorité des vieilles formules qui jusqu'alors avaient été respectées comme des axiomes, et ne s'en rapportant qu'à la raison pure, éclairée par le sens moral, le grand criminaliste proteste contre les cruels abus dont il est le témoin et démontre l'injustice et l'absurdité du système de l'assimilation absolue.

En étudiant le droit intermédiaire, nous allons voir quelle fut l'influence de ces idées nouvelles sur les nouveaux législateurs.

CHAPITRE III

DROIT INTERMÉDIAIRE

C'est un penchant bien impérieux, que celui qui pousse toujours l'esprit humain à généraliser sans distinction les rapports et les principes qu'il a parfois le mérite ou la chance de découvrir.

Le législateur de 1791, imbu certainement plus que tout autre de pensées et de désirs de réformes, céda lui aussi à cette tendance qui, depuis des siècles, avait fait poser d'une manière absolue dans toutes les législations un principe, qui généralisé devient aussi faux qu'il est juste et vrai quand il est maintenu dans ses limites naturelles.

Placée entre l'ancienne tradition et la théorie nouvelle, la loi pénale s'abandonna aux principes plus simples de la première, et négligea les avertissements que la seconde lui donnait au nom de la justice et de la raison.

La règle de l'assimilation, que la science rationnelle admet pour le choix de la peine, fut donc aussi appliquée à sa mesure, comme elle l'avait été en droit romain et dans les ordonnances.

L'art. 1 du Code pénal de 1791, 2e partie, titre III, est ainsi conçu :

« Lorsqu'un crime aura été commis, quiconque sera « convaincu d'avoir par dons, promesses, ordres ou me« naces, provoqué le coupable ou les coupables à le com« mettre ; — ou d'avoir, sciemment et dans le dessein du « crime, procuré au coupable ou aux coupables les moyens, « armes ou instruments qui ont servi à son exécution ; — « ou d'avoir, sciemment, et dans le dessein du crime, « aidé et assisté le coupable ou les coupables, soit dans « les faits qui ont préparé ou facilité son exécution, soit « dans l'acte même qui l'a consommée, sera puni de la « même peine prononcée par la loi contre les auteurs du« dit crime. »

Aucune distinction n'est faite d'ailleurs entre les coauteurs et les complices auxiliaires ; tous, faisant partie de la même association coupable, sont rigoureusement frappés de la même peine. C'est toujours le même abus d'une idée vraie, par généralisation intempestive de cette idée.

Mais il faut reconnaître que nous nous trouvons en présence d'un système nettement établi. Tous les cas punissables de complicité sont prévus et clairement déterminés ; l'article 2 en achève l'énumération :

« Lorsqu'un crime aura été commis, quiconque sera

« convaincu d'avoir provoqué directement à le com-
« mettre, soit par discours prononcés dans les lieux
« publics, soit par placards ou bulletins affichés ou ré-
« pandus dans lesdits lieux, soit par des écrits rendus
« publics, soit par la voie de l'impression, sera puni de la
« même peine prononcée par la loi contre les auteurs du
« crime. »

Nous remarquerons seulement que ces dispositions sont uniquement relatives aux crimes, et que rien n'est décidé sur la complicité en matière de délits ni de contraventions. L'usage et la jurisprudence durent donc suppléer à cette lacune.

Le recel n'était puni et assimilé à la complicité qu'en matière de vol ; toutes les conditions constitutives de la culpabilité de cet acte étaient d'ailleurs parfaitement déterminées.

Art. 3. « Lorsqu'un vol aura été commis avec l'une des
« circonstances spécifiées au précédent titre, quiconque
« sera convaincu d'avoir reçu gratuitement, ou acheté,
« ou recélé tout ou partie des effets volés, sachant que les-
« dits effets provenaient d'un vol, sera réputé complice, et
« puni de la peine prononcée par la loi contre les auteurs
« dudit crime. »

Les termes mêmes de l'article exigent en effet de la manière la plus claire que toutes les circonstances essentielles soient rapportées au jugement. Cette garantie fut encore augmentée par le Code de brumaire an IV, qui nécessitait des réponses distinctes sur le fait et sur la moralité (1) ; la question d'intention dut dès lors être posée au jury.

Quant au grand problème des circonstances aggravantes, il était, sous l'empire de cette législation, résolu par la jurisprudence dans le sens de la nécessité de la connaissance de ces faits par le complice ; l'esprit de la loi de brumaire an IV, qui prétendait apprécier la moralité de l'acte reproché à l'accusé, avait conduit logiquement à cette décision fort juste d'ailleurs.

Enfin, pour terminer cet aperçu, nous rappellerons la disposition de l'art. 4 du Code de 1791, qui punissait d'une peine spéciale le recel du cadavre d'une personne assassinée, sans en faire le moins du monde un cas de complicité. Cet article est ainsi conçu : « Quiconque « sera convaincu d'avoir caché et recélé le cadavre d'une « personne homicidée, encore qu'il n'ait pas été complice « d'homicide, sera puni de la peine de quatre années de « détention. » Cette disposition fait une juste application des principes. Nous aurons à remarquer une semblable contradiction dans le Code pénal actuel.

En résumé, l'époque intermédiaire ne paraît pas avoir réalisé d'autres progrès que celui de la détermination générale et précise des différents cas de complicité. Encore, faut-il observer que ce système rationnel et avan-

(1) Art. 373 et 374 du *Code de Brumaire* an IV.

tageux, en ce qu'il facilite la tâche du juge et met des bornes à l'arbitraire de ses appréciations, a cet inconvénient et ce défaut grave de ne pouvoir embrasser tous les cas possibles de complicité, et de laisser par suite la justice désarmée en présence des faits les plus évidents et les plus graves de participation à un crime. L'étude de notre législation actuelle nous conduira à lui adresser le même reproche.

TROISIÈME PARTIE

—

DROIT ACTUEL

Le Code pénal de 1810 a consacré cinq articles à la matière de la complicité ; les deux premiers seulement traitent de la complicité en général ; les trois derniers établissent la complicité spéciale de recel, conformes en cette erreur à la tradition constante de toutes les législations que nous avons étudiées.

Nous examinerons à part les questions relatives à ce chef spécial. Quant aux deux articles 59 et 60, nous les analyserons les premiers pour déterminer, d'abord, dans quels cas la complicité existe aux yeux de notre loi, et ensuite, quelles peines elle lui inflige ; puis, nous appliquerons ces principes à quelques hypothèses intéressantes et nous verrons quelles exceptions ils conportent.

CHAPITRE I

DÉFINITION DE LA COMPLICITÉ.

L'art. 60 répond à cette question préliminaire : « seront « punis comme complices d'une action qualifiée crime ou « délit, ceux qui, par dons, promesses, menaces, abus « d'autorité ou de pouvoir, machinations ou artifices cou- « pables, auront provoqué à cette action ou donné des ins- « tructions pour la commettre; — ceux qui auront procuré « des armes, des instruments, ou tout autre moyen qui « aura servi à l'action, sachant qu'ils devaient y servir ; « — ceux qui auront, avec connaissance, aidé ou assisté « l'auteur ou les auteurs de l'action dans les faits qui « l'auront préparée ou facilitée, ou dans ceux qui l'au- « ront consommée ; — sans préjudice des peines qui seront « spécialement portées par le présent Code contre les au- « teurs de complots ou de provocations attentatoires à la « sûreté intérieure ou extérieure de l'État, même dans le « cas ou le crime qui était l'objet des conspirateurs ou « des provocateurs n'aurait pas été commis. »

La première remarque que nous ayons à faire au seuil de cette étude, c'est que, dans la loi, l'expression *complice* a un sens tout spécial, auquel nous ne nous sommes pas encore arrêté. Jusqu'alors, avec la science rationnelle, nous avions considéré comme complice toute personne engagée, en quelque qualité que ce fut dans la responsabilité d'un délit. Désormais, pour nous trouver d'accord avec la terminologie du Code, nous appellerons complice l'agent auxiliaire, que nous opposerons à l'auteur ou coauteur, agent principal. Cette interprétation, autorisée par la pratique du droit criminel, est justifiée par le Code pénal lui-même dans son art. 304, qui distingue formellement le complice et l'auteur.

Le sens même qu'il attribuait au mot complice a peut-être obscurci dans la pensée du Code la distinction entre l'agent principal et l'agent accessoire, distinction fondamentale aux yeux de la science. A la première lecture de l'art. 60, il est en effet aisé de constater qu'il confond dans la classe des complices, qui sont agents auxiliaires pour lui, l'auteur intellectuel ayant agi par provocation; et la comparaison de cet article avec le précédent établit de la manière la plus nette que le Code, s'arrêtant à l'apparence extérieure des faits, ne considère comme auteur que l'agent principal matériel. Diminuant alors la portée naturelle du mot complice, et dominé cependant par l'idée à laquelle répond cette expression, il lui a été facile de tomber dans cette confusion. Mais ce qui donne de l'intérêt à notre observation, c'est qu'elle peut expliquer l'erreur plus grave encore dont nous constaterons l'existence à propos des peines applicables à la complicité. Le complice et l'auteur intellectuel une fois compris sous l'imputation d'nne même responsabilité, le législateur a dû être fort naturellement entraîné à proclamerle principe d'assimilation, fort juste sans doute pour le provocateur, mais excessif dans sa rigueur à l'égard du simple complice.

Quoi qu'il en soit de ces observations, nous devrons toujours considérer le provocateur, ou d'une manière plus générale, l'agent intellectuel comme simple complice, et ne traiter comme auteur principal que l'agent matériel.

La détermination de la qualité d'auteur est dès lors bien simple dans le système du Code : c'est celui qui, par son propre fait ou par le fait d'un autre, ayant conçu l'idée d'un crime, l'a librement exécuté lui-même. Telle est la limite très-étroite dans laquelle se trouve renfermée la qualité d'auteur. Si rigoureuse que soit cette définition, elle ne nous empêchera pas cependant de considérer comme auteur d'un crime, celui qui n'a pas mis la main sur sa victime, mais qui l'a frappée par la main d'un autre transformé par la terreur, l'obéissance passive ou la folie, en un véritable instrument. Toute responsabilité disparaissant alors chez celui qui a matériellement agi, puisque sa liberté a été anéantie par une cause supérieure, il n'y a toujours qu'un seul coupable, celui qui l'a mis en mouvement, et ce coupable est nécessairement l'auteur du crime.

Si, maintenant, deux personnes se réunissent pour

l'accomplissement d'un crime et remplissent les conditions constitutives de la qualité d'auteur, elles seront évidemment coauteurs du crime.

Telle est la définition que je donne du coauteur dans le système du Code. Cette définition, je la puise dans des observations faites sur le texte et l'esprit de la loi ; je la contrôle par les indications de la science rationnelle.

La Cour de cassation pourtant adopte une définition tout autre, que je ne trouve nullement justifiée par la loi, et dont l'extrême largeur me semble aussi dangereuse que contraire à l'esprit du Code. Pour elle, aux termes d'un arrêt du 24 août 1827, rapporté dans le savant ouvrage de M. Blanche, « celui qui assiste l'auteur d'un « délit dans les faits qui le consomment, coopère néces-« sairement à la perpétration de ce délit,..... il s'en rend « donc coauteur ; d'où il résulte que le délit n'est plus le « fait d'un seul. » Que le délit dans les circonstances où se place la Cour de cassation ne soit plus le fait d'un seul, je l'admets parfaitement ; si sa conclusion se bornait à cette remarque, elle n'aurait à mes yeux rien que de fort exact, et j'ajouterai que d'ailleurs elle ne préjudicierait à aucune interprétation sur la valeur du rôle de l'assistant : mais que, de cette remarque, il résulte que l'assistant est un coauteur, c'est ce que je ne puis comprendre. Il faudrait, avant de conclure, prouver que tous les actes qui se produisent dans la consommation d'un crime sont actes essentiels et principaux ; ou bien, à défaut, il faudrait produire un texte formel déclarant que tout participant à la consommation d'un crime est coauteur de ce crime. Or, cette dernière preuve serait aussi difficile à fournir que la précédente : le seul article qui traite la question est précisément l'art. 60, qui donne au contraire formellement la qualité de complice à celui qui a assisté l'auteur du crime dans les actes qui l'ont préparé ou facilité, ou dans ceux qui l'ont consommé. Il est vrai que de la conjonctive où l'on a prétendu tirer un argument pour dire que la loi, lorsqu'elle a embrassé dans les actes de simple complicité ceux relatifs à la consommation du crime, a eu en vue l'hypothèse où il y aurait incertitude sur la phase du crime dans laquelle l'accusé serait intervenu. Mais, en admettant même cette pensée, que je repousse d'ailleurs, faudrait-il en déduire que celui dont l'assistance a pu être nettement assignée à la conclusion du drame criminel est un coauteur ? Encore une fois, puisque les données rationnelles repoussent la reconnaissance de ce caractère, puisque le droit pénal est strict de sa nature, il faudrait un texte formel, et ce texte n'existe pas. Il est dès lors arbitraire d'y suppléer, et d'autant plus dangereux de le faire, que l'art. 60 lui-même, par la détermination exacte qu'il prétend établir des différents cas de complicité, indique la volonté certaine de ne frapper que les coupables dont il a clairement précisé les caractères.

Il me semble plus juste de prendre dès lors les faits

tels qu'ils sont, de reconnaître les différences qui peuvent exister entre les différents coopérateurs à la consommation d'un même crime, et de ne classer parmi les coauteurs que ceux qui réellement ont joué le rôle de cause génératrice et principale, suivant les caractères que suppose naturellement et évidemment cette qualité d'auteur.

Pour ceux dont l'assistance aura été purement auxiliaire, s'ils rentrent dans la définition que le Code a donnée de la complicité, nous les rangerons dans la catégorie des complices, mais il nous semble arbitraire de les frapper de la qualité de coauteur et de ses conséquences, malgré l'autorité des faits eux-mêmes, et par le motif qu'aux yeux de la loi ils ne tombent pas sous l'imputation de complicité.

Une dernière observation reste à faire pour préciser les caractères du coauteur. L'association intentionnelle entre les deux coupables est essentielle à la formation du lien qui en fera deux coauteurs. La science rationnelle l'exige, et c'est hors de doute en droit positif. Il ne faut donc pas confondre les coauteurs avec les auteurs simultanés. Ainsi, Jacques au milieu d'une foule prononce des paroles offensantes pour les assistants ; Pierre et Paul qui sont présents et qui sont atteints par cette injure, mus par un sentiment commun d'indignation et de vengeance, mais sans s'être concertés, s'élancent en même temps sur Jacques et le frappent à la fois : ils sont auteurs simultanés et ne sont pas coauteurs. La distinction, dans notre Code, a son intérêt au point de vue de la pénalité. Si Pierre et Paul étaient coauteurs, l'aggravation résultant du fait de l'un d'eux pèserait sur l'autre ; auteurs simultanés, au contraire, leur culpabilité respective est indépendante.

La qualité d'auteur ainsi précisée dans le système du Code, revenons à la détermination de la complicité.

En tête de cette matière, nous placerons une remarque générale, assez claire par elle-même, et qui consiste à dire qu'il ne faut pas confondre la complicité avec le fait de ceux qui se sont réunis pour commettre un délit qui, aux yeux de la loi, suppose précisément une association de personnes. Le Code pénal présente plus d'un exemple de ce genre ; il importe donc de se mettre en garde contre des analogies trompeuses.

Le principe d'interprétation qui régit l'étude des textes de la loi pénale, c'est que cette loi est de droit strict. L'art. 60, par la rigueur limitative de ses termes, rappelle l'observation de cette règle. La définition qu'il contient de la complicité ne peut donc être généralisée, et doit être considérée comme complète, comme embrassant tous les actes chez lesquels le législateur a reconnu ce caractère.

En d'autres termes, il n'y a de complicité légale que dans les hypothèses prévues par l'art. 60, et, même dans ces différentes hypothèses, il n'y a de complicité légale qu'autant qu'elles présentent et réunissent toutes les conditions définies par cet article.

Cette double proposition nous servira à déterminer exactement les limites dans lesquelles la complicité s'agite.

Et d'abord, il n'y a de complicité légale que dans les hypothèses prévues par l'article 60. Ces hypothèses sont au nombre de quatre : la provocation, le fait de donner des instructions, celui de fournir des instruments, enfin l'aide et l'assistance dans les actes qui préparent, facilitent ou consomment l'action.

La première, nous l'avons déjà remarqué, rentre, mais rentre seule, dans l'espèce du coauteur intellectuel ; et comme nous avons constaté que pour la loi l'auteur intellectuel n'était jamais un auteur, il s'ensuit que toute participation morale de cette espèce autre que la provocation est absolument dépourvue de sanction. Ainsi le conseil, le mandat, qui, en droit romain et dans d'autres législations, nous étaient apparus comme des cas de complicité, sont impunis par le Code, s'ils ne revêtent pas d'ailleurs la forme d'une provocation. La Cour de cassation l'a formellement proclamé en ce qui concerne le conseil, et dans les circonstances les plus graves (24 nov. 1809 ; 23 juillet 1858).

A plus forte raison devrons-nous dire que ces faits d'abstention ou même de simple conscience du crime, que l'ancienne législation punissait quelquefois si sévèrement, échappent aujourd'hui, et avec raison, à toute sanction pénale. C'est ainsi que la Cour suprême, faisant application à la fois des vrais principes de la justice pénale et des termes rigoureux de la loi, a déclaré plus d'une fois que le témoin d'un crime ou d'un délit, qui ne l'avait pas empêché, que même la personne ayant consenti au crime, sans toutefois y avoir participé, enfin que la personne accusée simplement d'avoir su qu'un crime allait se commettre et de ne l'avoir pas empêché, étaient exempts de toute responsabilité pénale.

Les expressions de la loi doivent en effet être comprises dans leur sens naturel et appliquées rigoureusement dans ces limites ; c'est pour cela qu'il ne faut pas considérer ces faits dont nous venons d'énumérer quelques exemples comme des faits d'assistance indirecte, pas plus qu'il ne faudrait voir dans le conseil de commettre le crime une instruction ou un avis essentiel à sa perpétration.

Toutes les nécessités d'une saine justice et les principes d'interprétation de la loi pénale veulent qu'on se renferme dans l'exacte observation des termes et des conditions du Code. Nous ne nous bornons donc pas à exclure de son application tous les actes autres que ceux énumérés dans l'article 60 ; mais nous en affranchissons encore ceux de ces actes ne remplissant pas exactement les caractères exigés par cet article. Reprenant chacun des quatre chefs de complicité qu'il établit, nous allons donc en reconnaître avec soin les traits essentiels.

La provocation est définie par le Code en ces termes : « Seront punis comme complices d'une action qualifiée

« crime ou délit, ceux qui, par dons, promesses, menaces, « abus d'autorité ou de pouvoir, machinations ou artifices « coupables, auront provoqué à cette action. » La loi exige que la provocation, c'est-à-dire le fait d'avoir excité à commettre le crime, ait été accompagnée de certains moyens d'action, les seuls sans doute qu'elle regarde comme capables d'établir nettement ce rapport d'influence dont la science rationnelle reconnaît la nécessité pour la constitution du lien de complicité. Nous serons donc autorisé à dire avec la Cour de cassation que la provocation simple, c'est-à-dire le seul fait d'avoir excité au crime, non accompagné de l'une des circonstances exigées par l'article 60, ne suffit pas à constituer un chef de complicité. Et la matière qui nous occupe est si grave, l'esprit de la loi s'est montré si rigoureux, son système déclaratif, sous peine de devenir injuste, nous paraît devoir être appliqué d'une manière si étroite, que nous n'hésitons pas plus que la jurisprudence à abandonner complétement les inspirations de la science rationnelle, pour dire que si la provocation a été accompagnée d'artifices, dont la culpabilité n'a pas été spécialement reconnue, elle doit encore être absoute, comme ne remplissant pas la condition expressément exigée par l'article, d'avoir été faite avec artifices coupables.

Remarquons seulement que, dans cette voie rigoureuse, il ne faut pas aller plus loin que la loi elle-même, et exiger des conditions qu'elle n'a pas eues en vue. Ainsi, l'un des plus tristement célèbres parmi les grands coupables condamnés dans ces dernières années, Doineau, s'était fait un moyen de cassation de ce que la déclaration du jury qui le frappait ne mentionnait pas que la provocation avait été exercée envers ceux par qui le fait principal avait été commis. La Cour de cassation, avec raison, selon nous, rejeta ce moyen, « attendu, disait-elle, que les questions de com-« plicité, résolues affirmativement à la charge de l'accusé « Doineau, avaient été posées littéralement dans les « termes du paragraphe 1er de l'art. 60 du Code pénal. » (3 octobre 1857).

De même que le mot *machination*, qui ne se prend jamais qu'en mauvaise part, contient seul et par lui-même une prévention de culpabilité, sans qu'il soit besoin de le qualifier en ce sens, nous ne considérons pas comme susceptible de pourvoi un arrêt ou un jugement de condamnation fondé sur un chef de complicité par provocation avec machination, et ne reconnaissant pas expressément à ce moyen d'influence le caractère de culpabilité que la loi exige pour l'artifice. Au reste, indépendamment de l'observation décisive sur laquelle nous nous basons, on peut encore dire, et avec une sérieuse apparence de raison, que le mot *coupable*, dans l'article 60, ne se rapporte qu'aux *artifices*. Un arrêt du 19 octobre 1832 a jugé dans ce sens et d'après les motifs que nous venons de donner.

Aux modes de provocation strictement déterminés par

l'art. 60, il faut toutefois ajouter celui qui résulte de « discours, cris ou menaces proférés dans des lieux ou « réunions publics, d'écrits, d'imprimés, de dessins, « gravures, peintures ou emblêmes, vendus ou distribués, « mis en vente ou exposés dans des lieux ou réunions « publics, ou enfin de placards et affiches exposés au « regard du public. » C'est en effet en ces termes que l'art. 1er de la loi des 17-18 mai 1819, complétant le système du Code pénal de 1810, frappe d'une imputation de complicité les auteurs de pareilles provocations. Il ne fait, d'ailleurs, qu'une juste application des principes.

Le second mode de complicité prévu par l'art. 60 consiste dans les instructions données pour l'exécution du crime ou du délit. En établissant ce chef de complicité, la loi ne l'entoure d'aucune condition spéciale ; toute instruction donnée en connaissance de cause est un fait de complicité punissable, et la décision, en condamnant l'auteur, n'aura aucune autre chose à constater que l'existence de ce seul fait. Toutefois, il nous semble que sur ce point la jurisprudence a poussé trop loin la rigueur. Ainsi, un arrêt du 11 août 1845 a jugé « qu'il suffisait, pour être « condamné comme complice d'un crime ou délit, d'avoir « donné des instructions pour le commettre, sans qu'il « soit nécessaire d'exprimer que ces instructions ont été « données frauduleusement ». Cette décision ne me paraît pas devoir être suivie à la lettre ; car sa première partie implique la responsabilité pénale de celui qui, le plus innocemment du monde, aurait donné des instructions, utilisées plus tard dans l'accomplissement d'un crime ; incontestablement, si la loi n'a pas exprimé que les instructions dussent avoir été frauduleusement données, elle sous-entend que les conditions ordinaires de la culpabilité existent, en d'autres termes que la personne accusée d'avoir donné des instructions a été reconnue coupable, c'est-à-dire auteur éclairé de ce fait. J'adopte au contraire pleinement la seconde partie de la décision de la Cour suprême, qui se refuse à reconnaître la nécessité d'exprimer dans le jugement ou arrêt de condamnation, que les instructions ont été données en connaissance de cause ; en disant que l'accusé a été reconnu coupable, le jugement exprime d'ailleurs implicitement cette condition essentielle de la responsabilité pénale, et comme aucune autre n'est ici exigée par la loi, les termes du droit commun suffisent à caractériser le fait.

Une question intéressante se présente sur ce second chef de complicité. Si le fait d'avoir donné soi-même des instructions pour commettre le crime constitue un acte de complicité, faut-il en dire autant de celui qui consiste à faire donner ces instructions par un autre ? Un arrêt de la Cour de cassation du 23 mai 1844 est invoqué dans le sens de l'affirmative, et les motifs sur lesquels cet arrêt s'appuie me semblent parfaitement conformes aux vrais principes de la responsabilité : mais je crois intéressant de préciser exactement les termes de la question, pour bien faire comprendre quelle peut et quelle doit être la portée de l'arrêt invoqué. Faire donner des instructions, c'est aussi bien en effet s'adresser à une personne afin qu'elle en éclaire une autre de ses conseils pour l'exécution d'un acte, que dicter soi-même à autrui les instructions qu'il devra transmettre à l'exécuteur, et, si, dans ce dernier cas, il y a culpabilité évidente et complicité, comme l'a bien jugé à notre avis la Cour de cassation, dans le premier, il ne nous paraît pas que les conditions de la complicité soient toujours remplies dans les termes du Code. Nous avons constaté en effet que l'article 60, en établissant le premier chef de complicité par provocation, affranchit d'ailleurs de toute responsabilité pénale tout acte purement intellectuel autre que la provocation par certains moyens. Or, celui qui, dans notre première espèce, fait donner ses instructions, détermine certainement un acte coupable et un acte de complicité ; mais s'il y est parvenu autrement que par provocation ou par une provocation ne reproduisant pas les caractères légaux, il ne doit pas être considéré lui-même comme complice.

Un double exemple fera bien comprendre la différence qui existe entre les deux hypothèses. Pierre-Louis Labbé avait été condamné comme coupable d'avoir donné ou fait donner à la fille Marchand des instructions pour se procurer l'avortement dont elle était accusée. Labbé soutint, entre autres moyens de cassation, que cette réponse alternative était non-seulement irrégulière mais aussi contraire à la loi. La Cour rejeta son pourvoi, en disant avec raison « que celui qui, affectant de ne pas se mettre en rapport « direct avec l'auteur principal du crime, donne à un « tiers les instructions nécessaires pour commettre le « crime, afin qu'il les transmette à celui qui doit le com« mettre, est aussi coupable que s'il les donnait lui-même « directement. » Cette décision se réfère à la seconde espèce. Mais si nous supposons au contraire que Labbé, ignorant les moyens à employer pour faire parvenir à son but la fille Marchand, était allé trouver un pharmacien ou un médecin, et l'avait amené à donner à l'accusée les indications nécessaires à l'accomplissement de son crime, nous nous trouvons dans le cas d'un complice intellectuel, échappant, sauf l'hypothèse de provocation par certains moyen, à toute sanction pénale.

La dernière observation que nous ferons sur ce chef sera qu'il est nécessaire que les instructions données aient produit leur effet ; c'est la condition essentielle de l'existence du lien de complicité.

Ceux qui auront procuré des armes, des instruments ou tout autre moyen qui aura servi à l'action, sachant qu'ils devaient y servir, sont les complices de la troisième espèce. Les caractères essentiels de ce nouveau chef de complicité sont les suivants : d'abord, que les instruments ou moyens aient été fournis par une personne sachant quel devait être leur emploi, et ensuite qu'ils aient réellement servi à l'action. Le premier caractère est si nettement précisé par la loi que la personne connaissant la possibilité évidente de l'emploi criminel des moyens qu'elle fournit n'est pas responsable pénalement comme complice du crime postérieurement commis à l'aide de ces moyens. Au reste, cette décision, parfaitement conforme à l'esprit de la loi, est aussi en harmonie avec ce principe qu'en matière pénale les responsabilités basées sur des présomptions d'intention ne peuvent être admises ; c'est pourtant ce que l'ancien droit avait plus d'une fois oublié, et il faut rendre au Code actuel cette justice qu'il n'a pas sacrifié l'intérêt éminemment moral des principes à celui plus douteux d'une répression sévère. Les jugements et arrêts de condamnation basés sur cette imputation de complicité devront donc signaler avec soin la parfaite connaissance de cause exigée par la loi chez le complice ; comme ce fait peut être aisément exprimé de différentes manières, les termes employés pourront ne pas être ceux de la loi, mais il sera certainement plus prudent et plus sûr de recourir aux expressions mêmes de l'article 60. L'expérience a en effet démontré que plusieurs pourvois mal fondés d'ailleurs eussent pu être évités par cette simple précaution.

Le dernier mode de complicité consiste dans le fait d'avoir, avec connaissance, aidé ou assisté l'auteur ou les auteurs du crime dans les actes qui l'auront préparé ou facilité, ou dans ceux qui l'auront consommé.

Pour nous, cette définition est aussi large que possible;

elle embrasse tous les actes d'assistance qui se sont produits dans l'une ou dans l'autre des différentes phases du crime, séparément ou indistinctement. L'aide ou l'assistance sont évidemment des actes accessoires, utiles, mais non essentiels à la perpétration d'un crime ; telle est, en effet, l'idée à laquelle répondent naturellement ces expressions. Si, au contraire, l'intervention prenait un caractère plus sérieux, et consistait dans l'accomplissement d'actes essentiels à la perpétration du crime, et si ces actes se produisaient dans sa consommation matérielle, on se trouverait en présence d'un coauteur, tel que nous l'avons défini plus haut. Cette double interprétation qu'aucun texte ne contredit, qui est tout à fait conforme à la nature même des choses, et que les principes de la science confirment, nous paraît répondre à la pensée de la loi prudemment analysée.

A propos de la complicité résultant d'instructions données pour commettre le crime, nous avons admis que la condition, essentielle au fond, de connaissance de cause ne devait pas nécessairement dans la forme être exprimée par le jugement de condamnation. Ici, au contraire, nous exigeons cette expression formelle, en nous basant sur les termes mêmes employés par l'art. 60 dans la définition de ce dernier chef de complicité.

La même idée que nous avons déjà plusieurs fois suivie nous conduit à cette décision, en apparence contradictoire à celle que nous avons précédemment donnée : tout ce qui concerne la complicité dans le Code pénal est, en effet, parfaitement et nettement déterminé ; aucune règle générale et aucun principe d'appréciation n'est posé, le juge est lié aussi étroitement que possible ; il faut donc qu'il se renferme exactement dans les bornes que la loi a voulu mettre à son pouvoir et qu'il constate servilement, pour ainsi dire, tous les faits dont elle exige la réunion.

Toutefois, une question importante, et relative, celle-là, à tous les chefs de complicité que nous venons de passer en revue, se soulève sur les pouvoirs du juge dans l'interprétation des termes que le Code n'a pas pris le soin de définir en les employant. La provocation, en effet, les instructions, la fourniture d'armes, instruments ou moyens, enfin l'aide et l'assistance n'ont pas été déterminés dans les faits qui les constituent intrinsèquement, et la loi s'est bornée à établir les caractères extrinsèques dont elle voulait les voir accompagnés. Faut-il dire alors que, dans l'appréciation des actes qui constituent la provocation ou les autres modes de complicité, le juge a un pouvoir souverain échappant à la censure de la Cour de cassation comme s'appliquant à des éléments de pur fait qui n'intéressent pas le droit ?

Remarquons tout d'abord que pour l'une des plus importantes juridictions criminelles, celle du jury, la question ne se pose pas, puisqu'aux termes de l'art. 350 du Code d'Instruction criminelle, le jury est souverain appréciateur des faits qui lui sont soumis. Mais la difficulté se présente à l'occasion des arrêts rendus par les Chambres des mises en accusation et par les Chambres des appels de police correctionnelle qui ressortissent à la Cour de cassation pour les questions de droit qu'elles ont tranchées. Le problème est rendu fort intéressant par les divergences qui se rencontrent parmi les différents arrêts rendus par la Cour suprême sur ce point. Dans une première jurisprudence, elle avait pensé qu'aucune loi n'ayant précisé quels seraient les faits constitutifs de l'aide et de l'assistance, il était laissé aux lumières et à la conscience des juges d'apprécier ceux qui résultent des pièces de l'instruction et des débats (1). Plus tard, revenant sur cette opinion, la Cour de cassation a reconnu qu'elle avait droit d'interprétation souveraine sur le point de savoir ce que c'est qu'une provocation, une instruction, et en général quant à la définition des termes employés par la loi pour désigner les différents chefs de complicité. Cette dernière jurisprudence me paraît conforme aux principes. Tout se réduit en effet à la question de savoir si la définition d'un terme auquel la loi, bien qu'elle ne le précise pas, attache évidemment un sens, rentre dans le domaine de la constatation des faits ou dans celui de l'application du droit. A nos yeux, aucun doute ne peut exister sur ce point, lorsqu'il s'agit de traduire la pensée du législateur, il me semble que la Cour de cassation peut toujours intervenir,

(1) 8 octobre 1824.

au nom du droit, seul intéressé dans le débat. C'est pourquoi, reprenant la difficulté telle qu'elle se pose dans ses termes généraux, j'écarte de la censure de la Cour de cassation toute appréciation par laquelle la Cour impériale aurait déclaré que tels faits d'ailleurs constitutifs de l'un des chefs de complicité existent ou n'existent pas ; mais je crois qu'on peut soumettre à son contrôle toutes les décisions déclarant que tels faits reconnus comme constants rentrent ou non dans l'un des chefs de complicité prévus par l'art. 60. Cette distinction basée sur la différence qui existe entre la constatation de la matérialité de l'acte et l'appréciation de ses conséquences légales est en effet celle qui sert à déterminer les limites de la compétence de la Cour de cassation.

Cette difficulté tranchée, nous sommes en possession de tous les éléments nécessaires à la solution théorique et pratique de la question préliminaire et essentielle de savoir quand il y a complicité : du moins connaissons-nous toutes les conditions spécifiques de la complicité. Mais, outre ces conditions, il en est de générales, qui nous sont apparues dans l'examen des principes du droit rationnel ; l'étude de l'art. 60 nous en a fait déjà reconnaître plusieurs ; toutes les autres résultent de l'art. 59 qui, en édictant les peines de la complicité, se place en effet à un point de vue supérieur et général. Pour ne pas anticiper sur l'examen d'une disposition étrangère au fond à l'objet de notre premier chapitre, nous reporterons à la fin du chapitre suivant l'étude de ces dernières conditions de la complicité pénale.

CHAPITRE II

PEINES DE LA COMPLICITÉ

Les rédacteurs du Code pénal de 1810 se trouvaient ici en présence d'une importante question bien diversement résolue par les législateurs des différentes époques, et agitée encore dans le domaine de la théorie. Comme leurs devanciers de 1791, ils comprirent la généralité du problème et la nécessité de le résoudre par une règle unique, n'admettant que des exceptions nettement formulées. C'était déjà éviter de tomber dans les abus du système des ordonnances, si souvent et si malheureusement inspirées par l'esprit du moment. Leur tâche se trouvait alors réduite à l'établissement d'un seul principe ; mais par là même elle n'était que plus délicate à remplir, car de cette seule règle devaient résulter une foule d'applications fort intéressantes et fort graves. Les idées critiques et progressistes du XVIIIe siècle n'eurent pas, cette fois encore l'autorité nécessaire pour amener le législateur à établir des distinctions, indispensables pourtant entre les différentes espèces de complicité, et des degrés correspondants dans la pénalité. Séduits par la simplicité et l'apparente justice de la règle de l'assimilation, la vérifiant sans doute aussi pour certains complices tels que les provocateurs, qui sont en réalité des coauteurs, ils disposèrent dans l'art. 59 que : « les complices d'un crime ou d'un délit « seront punis de la même peine que les auteurs mêmes « de ce crime ou de ce délit, sauf les cas où la loi en au- « rait disposé autrement. »

Telle est dans toute sa brièveté la règle posée en thèse générale par le Code pénal de 1810, sur l'application de la pénalité aux différents complices d'un crime ou d'un délit. Nous sommes ici au siége même de la matière de la complicité, c'est autour de cet article que se sont agitées les questions les plus pratiques et les plus intéressantes qu'elle soulève : il est donc important de l'étudier avec soin sans en altérer, mais sans en exagérer non plus le sens ni la portée.

SECTION PREMIÈRE

Détermination de la peine.

Il est un point sur lequel tous les commentateurs sont d'accord, c'est que les termes de l'article 59 sont loin d'en rendre exactement la pensée. Si l'on s'arrête en effet au sens littéral de ses expressions, on est autorisé à croire que, sauf les cas où la loi en a disposé autrement, le complice d'un crime ou d'un délit sera traité de la même façon que l'auteur du crime ou du délit, et que la peine du premier devra être identiquement celle du second, dans son genre, dans son espèce, et dans sa quotité. D'une pareille interprétation résulterait nécessairement que, peu importe à l'application de la peine l'examen de la culpabilité individuelle du complice, dont le châtiment se mesurerait uniquement sur celui de l'auteur principal ; le juge n'aurait donc à se préoccuper que de l'appréciation de la culpabilité de l'auteur, pour fixer d'un seul coup sa peine et celle de son complice. Un système de pénalité aussi sommaire, aussi contraire à tous les principes de morale et de justice, ne peut être dans la pensée de la loi. Il se trouverait d'ailleurs en contradiction avec le texte de l'art. 1 du Code pénal de 1791, deuxième partie, titre III, cité plus haut, et qui a évidemment inspiré les rédacteurs du Code de 1810.

La loi n'a pas voulu dire non plus que le complice doit être puni de la même peine que s'il était lui-même l'auteur. Cette interprétation s'écarterait d'abord beaucoup trop du texte ; elle conduirait aussi parfois à contredire tout à fait son esprit d'assimilation, en appliquant au complice une peine toute différente de celle qui frapperait l'auteur principal, et souvent hors de proportion avec celle-ci ; enfin, elle serait en opposition avec le caractère essentiellement accessoire du complice, caractère dont l'effet doit être évidemment de subordonner son châtiment à celui de l'auteur principal; j'ajouterai que le Code pénal de 1791 rejette encore toute interprétation pareille.

Quelle règle a donc entendu établir l'article 59 ? A nos yeux, le Code pénal de 1791 répond exactement à cette question lorsqu'il dit que « le complice sera puni de la « même peine prononcée par la loi contre les auteurs du « dit crime. » Les rédacteurs du Code de 1810 avaient évidemment sous les yeux cette formule, lorsqu'ils ont établi la règle de l'article 59; et quand on rapproche les deux rédactions, on demeure convaincu de l'intention qu'ils ont eue de reproduire le système déjà en vigueur. Que si une légère différence se remarque entre les termes des deux phrases, c'est que la dernière a eu la prétention d'être plus concise que la précédente; en revanche ce qu'elle a gagné en brièveté, elle l'a perdu, il est vrai, en clarté, mais c'est là tout : le fond de la pensée est resté le même.

Pour nous, l'article 59 veut donc dire que les complices d'un crime ou d'un délit seront punis de la même peine que celle prononcée par la loi contre le crime ou le délit commis par l'auteur. Mais l'article 59 ne veut pas dire autre chose. Il laisse subsister d'ailleurs indépendantes l'une de l'autre, dans leur étendue respective, la responsabilité et la culpabilité de chacun.

Si l'on veut maintenant en présence de cette décision rigoureuse entrer dans le fond de la pensée de la loi, tout ce que l'on peut dire et ce que nous dirons, c'est que le fait du complice a toujours à ses yeux le même caractère de gravité que le fait de l'auteur principal; ceci résulte nettement de l'assimilation qu'elle établit, quant à la peine, entre l'un et l'autre fait. Ce point de départ du Code est, il faut le reconnaître, absolument contraire aux observations de la science rationnelle qui, nous l'avons vu, pose en thèse générale que tout fait de complicité auxiliaire est toujours moins grave que le fait de l'auteur principal.

L'association qui existe entre les différents participants à un même crime, l'idée réciproque d'union dans le châtiment qui en découle naturellement, et enfin, comme nous l'avons plus d'une fois déjà remarqué, la confusion fâcheuse faite par la loi entre le coauteur intellectuel et le complice, toutes ces considérations jointes à l'influence de la législation intermédiaire ont sans doute entraîné les rédacteurs de 1810 à poser ce principe, source unique mais incontestable du système rigoureux et erroné sous l'empire duquel nous sommes encore aujourd'hui.

Quoi qu'il en soit, nous devons admettre et observer, comme un principe certain, celui en vertu duquel le fait de complicité, se caractérisant par la nature du fait principal, s'élève ou s'abaisse avec lui dans l'échelle des crimes et des délits pour être puni de la même peine. C'est là au fond tout l'article 59, et de ce principe bien compris découlent toutes les propositions qui nous permettront de commenter nettement la loi. Elles sont d'ailleurs nombreuses et intéressantes.

La première qui se présente à l'esprit dès une simple lecture, c'est que, le fait de complicité se caractérisant par le fait principal, le premier de ces faits prend ou perd de la gravité, suivant que le second en prend ou en perd. Cette proposition est évidente.

Si donc le fait principal est accompagné de quelques circonstances capables de l'aggraver en lui-même, le fait de complicité subira l'accroissement de peine qui sera pour le fait principal la conséquence de cette aggravation; en sorte qu'envisageant les choses dans leur réalité apparente, le complice subira l'accroissement de peine encouru par l'auteur principal pour des aggravations du fait de ce dernier, mais inhérentes à l'acte lui-même.

Ainsi formulée, malgré son excessive rigueur que ne peut admettre la science rationnelle, la déduction ne choque personne en droit positif. Mais des difficultés se présentent quand il s'agit de fixer la nature des circonstances capables de modifier l'acte lui-même. Tout le monde est d'accord, ainsi que nous l'avons remarqué plus haut, sur l'influence de toutes les circonstances de temps, de lieu, de procédé, servant en un mot à l'exécution matérielle de l'acte. Mais certains jurisconsultes refusent de reconnaître jamais aux circonstances provenant de la qualité même de l'auteur principal une influence quelconque sur la valeur de l'acte en lui-même. Cette discussion étant purement théorique, nous ne reviendrons pas sur les motifs que nous avons déjà donnés à l'appui de notre opinion dans l'exposé des principes de la science rationnelle, et nous nous bornerons à rappeler que toutes les qualités personnelles de l'auteur qui sont relevées dans l'incrimination du fait principal modifient à nos yeux la nature de ce fait, et doivent par suite influer sur le caractère et sur le châtiment du fait de complicité.

Cette décision est conforme d'ailleurs à la doctrine de la Cour de cassation.

Ajoutons, pour bien préciser, que nous supposons le complice resté absolument étranger aux actes d'aggravation, si c'est à des faits matériels qu'il faut rapporter l'aggravation du délit ; s'il en était autrement, il ne serait pas besoin d'une disposition spéciale telle que celle de l'art. 59, pour appliquer rigoureusement au fait de complicité toutes les conséquences pénales du fait principal. Au reste, pour ceux qui, comme nous, admettent l'influence de la qualité personnelle à l'auteur principal, aucun doute ne peut s'élever sur la question.

Mais la généralité du principe de l'art. 59 nous entraîne à une autre observation, et celle-ci nous conduira elle-même à une solution bien rigoureuse et absolument contraire aux principes de la science, qui, sur cette question des circonstances aggravantes, sont pourtant à coup sûr ceux du bon sens et de la justice. En vertu de la corrélation si étroite établie par la loi entre le fait du complice et celui de l'auteur, corrélation qu'elle ne soumet à aucune condition, et qu'elle considère d'ailleurs comme un fait général et constant, il faut reconnaître avec la jurisprudence que la connaissance ou la non-connaissance par le complice des faits ou circonstances d'aggravation importe peu à la criminalité de son acte. Cette solution, qui résulte déjà suffisamment des termes et de l'esprit si absolus de l'art. 59, est encore rendue indiscutable par l'art. 63, qui, faisant exception à une règle supposée préétablie, dispose que le recéleur ne subira les peines des travaux forcés à perpétuité ou de la déportation, qu'autant qu'il aura été convaincu d'avoir eu, au temps du recélé, connaissance des circonstances auxquelles la loi attache ces peines ou la peine de mort.

La pensée de notre législateur a été évidemment que le complice, en s'associant au crime, s'associe à toutes les chances des événements et assume sur lui la responsabilité de ce crime, tel qu'il est et tel qu'il sera. Cette interprétation résulte formellement de l'exposé des motifs présenté à l'appui du projet de loi. Au fond, c'est toujours ce même fait et cette même idée d'association qui ont été mal compris, ou du moins mal analysés. Comparant purement et simplement l'association criminelle de la complicité à une association civile quelconque ayant pour objet l'exploitation d'intérêts pécuniaires, et voyant en ce dernier cas les différents intéressés subir aux termes de leur contrat les conséquences funestes ou avantageuses de tous les actes de leur gérant, on a conclu par une assimilation injuste et impossible à l'application des mêmes conséquences aux différents complices d'un délit. Toute l'erreur a été de confondre des principes qui n'ont rien de commun, et qui devraient toujours être séparés : ceux du droit civil, qui n'ont d'autres lois que l'autorité souveraine de la convention des parties et ceux du droit pénal qui se règlent uniquement sur des faits et des principes, les faits et les principes de l'ordre moral, qu'aucune volonté et qu'aucune autorité ne peuvent modifier. Le droit romain, source de ces confusions et de ces erreurs, avait pourtant bien dit lui-même qu'en matière de délits, il n'y a ni mandat ni société possibles !

Quoi qu'il en soit, puisque nous avons reconnu cette disposition que le fait de complicité se caractérise par le fait principal, il faut en faire l'application rigoureuse. D'ailleurs, au point de vue général qui est le nôtre, cette sévérité excessive de la loi se trouve aussitôt corrigée par le bénéfice d'une participation fort avantageuse pour le complice aux conséquences des atténuations que les circonstances peuvent aussi apporter au fait principal. . . .

Ce corollaire de notre proposition est aussi incontestable que le précédent. Il reçoit notamment son application dans les hypothèses des art. 321 et 322 du Code Pénal, en vertu desquels le meurtre, ainsi que les blessures et les coups sont excusables, s'ils ont été provoqués par des coups et violences graves envers les personnes ou s'ils ont été commis en repoussant, pendant le jour, l'escalade ou l'effraction des clôtures, murs, ou entrée d'une maison, ou d'un appartement habité, ou de leurs dépendances. Mais il serait inexact de vouloir trouver dans les art. 328 et 329 matière à invoquer notre règle. Ces articles, en effet, déclarent positivement qu'il n'y a ni crime ni délit dans les cas de légitime défense ; si donc, les soi-disant complices de l'acte commis dans ces circonstances sont exemptés de toute peine, ce n'est pas parce qu'ils profitent de l'atténuation apportée à l'acte, mais c'est bien parce qu'il n'y a ni crime ni délit, et que, là ou il n'y a ni crime ni délit, il ne peut y avoir de complices. Pour qu'il y ait lieu d'invoquer notre règle, il faut donc que le fait soit reconnu d'ailleurs coupable en lui-même, et ne subisse qu'une atténuation ou qu'une exemption de peine par suite du bénéfice d'une excuse proprement dite.

Les art. 321 et 322 satisfont certainement à cette règle ; car, aux termes de l'art. 326, une pénalité réduite, mais toujours existante, frappe les coupables.

Mais l'étude de ces deux dispositions combinées avec les deux suivantes soulève d'intéressantes questions auxquelles il importe de s'arrêter.

Les art. 323 et 324 font en effet exception à la généralité de l'excuse établie par les deux précédents. Aux termes de l'art. 323, le parricide n'est jamais excusable, et l'art. 324 dispose que le meurtre commis par l'époux sur l'épouse ou inversement n'est pas excusable à moins que la vie de l'époux ou de l'épouse qui a commis le meurtre n'ait été mise en péril dans le moment même où le meurtre a eu lieu.

Dès lors faut-il conclure de ces articles que le descendant ou le conjoint qui n'auront pris part au meurtre de leur ascendant ou conjoint qu'à titre de complices ne pourront profiter de l'excuse admise en faveur de l'auteur principal ? Première question fort délicate, et dont la réciproque n'est pas moins intéressante ; car elle a pour objet de savoir si les complices de l'un et de l'autre de ces meurtres conservent le droit à l'excuse, malgré l'inexcusabilité de l'auteur principal.

A la première question je réponds négativement et par les raisons suivantes. L'application pure et simple des principes que nous avons jusqu'alors déduits de l'art. 59 conduit à dire que, l'excuse admise en faveur de l'auteur principal étant aux termes mêmes des art. 321 et 322 inhérente à l'acte criminel lui-même, et le conjoint ou le descendant n'étant d'ailleurs qu'un simple complice, le bénéfice de l'excuse doit s'étendre à sa responsabilité pénale. C'est l'observation des règles générales, auxquelles on ne peut déroger sans un texte précis. Reste à savoir maintenant si les art. 323 et 324 font obstacle à ces règles. Or, à la lecture attentive de ces deux dispositions, on remarque aisément que l'une comme l'autre ne se réfère qu'à l'hypothèse où l'auteur principal du crime est précisément le descendant ou le conjoint ; et cette observation est encore singulièrement appuyée par ce fait incontestable que le crime dont il s'agit dans l'art. 323 est le parricide, dont il n'est nullement question dans notre espèce, puisque l'auteur du meurtre n'est pas le descendant de la victime. Quant à l'article 324, rédigé évidemment dans le même esprit que le précédent, il donne encore lieu à la même remarque, et l'on doit dire aussi que le crime déclaré inexcusable par cet article n'est pas le même que celui auquel se réfère notre hypothèse. Dans ces circonstances, les deux dispositions qui faisaient naître le doute dans notre esprit, prévoyant tout autre chose que ce qui nous occupé, il est impossible de dire qu'elles font exception aux règles de l'art. 59 que nous invoquons, et il faut bien reconnaître à ces règles toute leur autorité dans l'espèce.

La seconde question présente au premier abord plus de difficultés. Pourtant, les principes de l'art. 59 sainement appliqués me paraissent suffire à la résoudre. Nous sommes en présence d'un crime inexcusable pour son auteur, mais qui serait excusable pour tout autre auteur, quel sera le sort des complices ?

Le fait de complicité, nous le savons, se caractérise par le fait principal et sa criminalité dépend uniquement de la criminalité de celui-ci. Mais quelle est la criminalité du premier fait prévu par l'art. 323 ? Quelle est cellé du second prévu par l'art. 34 ?

La criminalité du premier fait est celle du meurtre

élevé au degré de parricide. Or, dans les circonstances où nous sommes placé, si l'art. 323 n'avait rien dit, à raison de la disposition générale de l'art 321, un abaissement de peine eut été accordé aux différentes personnes responsables du fait coupable atténué dans sa criminalité comme meurtre. L'art. 323 fait évidemment obstacle à l'application complète de cette règle ; c'est hors de doute ; mais à quel titre et dans quelles limites? C'est encore ce qu'il s'agit de savoir. La qualité de l'auteur principal s'est présentée à l'esprit du législateur, lorsqu'il a pris cette décision rigoureuse, certainement applicable à l'auteur. Mais, en présence de la règle générale de l'art. 321, nous ne devons pas, sous peine de témérité, penser qu'il a entendu donner un caractère de plus au crime de parricide, celui d'être à proprement parler inexcusable. Car l'art. 299 qui qualifie le crime de parricide, d'après le seul fait de la qualité de son auteur, en donne une définition caractéristique, de droit strict, comme toute disposition de droit pénal définitive que nous devons considérer comme complète, jusqu'à ce qu'un texte vienne expressément la modifier. Or nulle mention n'y est faite du caractère exorbitant qui nous occupe. Par suite, l'existence du parricide, sa qualification et par suite son incrimination spéciale sont indépendantes de la circontances d'inexcusabilité. Il faut donc dire qu'elle importe peu à la responsabilité du complice, qui se règle uniquement d'après la criminalité du fait principal considéré en lui-même. La portée de l'art. 323 doit donc être réduite à la personne même du parricide.

Cette solution qui se trouve d'accord avec les principes du droit positif est d'ailleurs contrôlée par le bon sens et la justice la plus élémentaire. S'il est en effet vrai que dans toute circonstance et malgré les provocations les plus caractérisées, celui qui s'associe à la perpétration d'un parricide assume la responsabilité d'un meurtre singulièrement aggravé, il est aussi à remarquer que le rapport d'infériorité et le devoir de respect qui suffit à aggraver toujours et malgré tout la faute du fils n'existant pas relativement au complice, les provocations dont il a été l'objet ont dû conserver toute leur influence et doivent justement motiver une atténuation de peine en sa faveur.

Quant à la disposition de l'article 324, elle est toute simple à écarter du débat. Le crime prévu par cet article rentre en effet dans la classe générale du meurtre ou des coups et blessures, sans être l'objet d'une qualification spéciale. Sa criminalité n'est donc et ne peut être que la criminalité d'un fait incontestablement compris dans la formule générale des articles 321 et 322. En conséquence, la qualité de conjoint qui n'influe pas sur la nature du crime en lui-même, importe peu à l'incrimination du fait de complicité ; et par suite elle n'aggrave que la situation personnelle de l'auteur du crime, qui doit être seul déclaré inexcusable toutes les fois que la provocation dont il a été l'objet n'a pas consisté dans les faits énumérés par l'art. 336.

A la suite de toutes ces observations que nous venons de faire relativement à l'influence exercée par l'auteur sur la responsabilité du complice, il est à peine nécessaire de rappeler un fait que nous avons jusqu'alors considéré comme évident, c'est que les qualités aggravantes ou atténuantes de l'auteur, qui ne modifient pas la nature de l'acte principal, ne nuisent ni ne profitent au complice.

Mais, si évidente que soit cette remarque, il n'était pas sans intérêt de la faire, car elle nous amène à énoncer sur l'art. 59 une nouvelle proposition inverse pour ainsi dire de la première et qui consiste à dire que malgré l'assimilation établie par l'article 59 entre le fait principal et le fait de complicité, la peine encourue à raison du fait principal par les auteurs et les complices peut, en vertu de certaines causes, s'augmenter ou s'amoindrir pour les uns et non pour les autres, en sorte que l'apparente identité de peine édictée par la loi n'existera le plus souvent pas.

Les causes de différences entre la peine appliquée à l'auteur et celle appliquée au complice doivent évidemment être étrangères à l'incrimination et se rencontrer par suite dans des circonstances purement personnelles aux différents coupables auxquels elles se rapportent.

Ces circonstances dériveront, soit de la moralité, soit de l'âge, soit des antécédents judiciaires, soit des actes postérieurs au crime.

La moralité d'un coupable peut en effet influer de deux manières sur la détermination de sa peine. Elle peut amener d'abord une déclaration de circonstances atténuantes en sa faveur, et dès lors la loi ordonne que la peine soit abaissée jusqu'à certains degrés qu'elle détermine. Dans ce premier cas, la différence de pénalité entre le complice et l'auteur est inévitable et certaine ; et peu importe que la déclaration de circonstances atténuantes se rapporte au complice ou se rapporte à l'auteur ; sur ce terrain, il n'y a plus rien de commun entre eux. La Cour de cassation, dans les circonstances les plus graves, et malgré les différences de châtiment les plus grandes et les plus étonnantes en apparence, a maintenu avec raison ce principe puisé dans le texte de la loi et vérifié par cette régle de bon sens et de justice, que l'on doit rendre à chacun selon ses œuvres.

La moralité de la personne coupable peut encore être pour elle une cause d'atténuation ou d'aggravation de peine. Si elle ne paraît pas en effet de nature à motiver une déclaration de circonstances atténuantes, ou si le jury dans sa sévérité n'a pas cru devoir s'arrêter à cette pensée de clémence, le juge a encore le droit de faire une appréciation plus délicate de la responsabilité de chacun et de faire varier en conséquence la peine des uns et des autres dans les limites du maximum et du minimum. Sur ce point, le juge qui prononce la peine a pleine liberté d'action, et l'usage qu'il fait de ce droit ne doit pas être plus méconnu que l'autorité d'une déclaration de circonstances atténuantes.

La généralité de la proposition sur laquelle nous basons cette décision absolue est même si complète à nos yeux, que nous n'hésitons pas à penser qu'en présence d'une déclaration de circonstances atténuantes commune au complice et à l'auteur, le juge, en prononçant la peine de chacun d'eux, ne puisse dans une appréciation souveraine et plus précise encore de la culpabilité de l'un et de l'autre, modérer la peine d'une manière différente pour chacun d'eux, en s'arrêtant au premier degré d'abaissement pour le premier, et accordant au second le bénéfice du second degré d'atténuation. Cette doctrine est celle de la Cour de cassation.

Enfin, dans le cas où la peine édictée par la loi contre le fait principal est une peine alternative, rien n'empêche de prononcer contre l'auteur et contre le complice une peine différente.

L'âge peut encore motiver une différence entre la peine du complice et celle de l'auteur. Un crime, en effet, ne change pas de caractère pour avoir été commis par un mineur de seize ans ou bien par un sexagénaire ou un septuagénaire; il conserve la qualification que la loi lui donne, ne perd rien de sa gravité et reste en lui-même ce qu'il est. Si, dans ces différentes hypothèses, il est puni moins sûrement que dans les cas ordinaires, c'est uniquement à raison d'une considération personnelle à celui qui l'a exécuté; c'est parce qu'il a été commis par un agent dont l'âge inspire à la loi une pitié légitime. La disposition de l'art. 68 du Code pénal suffit à le prouver surabondamment. Quant à la peine, elle ne change pas plus que l'incrimination elle-même. Aux termes de l'article 67, la peine ordinaire est toujours *encourue* par le mineur, et c'est cette peine qui sert de base à la loi et au juge pour déterminer celle qui lui est extraordinairement substituée dans la condamnation, mais qui ne la remplace nullement relativement à l'incrimination.

Si donc le mineur de seize ans a eu un complice dans l'accomplissement de son crime, et si ce complice est capable d'une complète responsabilité pénale, lorsqu'il s'agira de lui appliquer l'art. 59, la peine du fait principal qu'il subira sera celle prononcée par la loi en thèse générale, et non celle extraordinairement appliquée au mineur de seize ans à raison d'une considération personnelle à celui-ci.

Les antécédents judiciaires d'un accusé sont encore l'objet de l'attention sérieuse de la loi et du juge. L'état de récidive est notamment une cause d'aggravation de peine. Si donc une personne s'est associée à une autre pour accomplir un crime constituant celle-ci en état de récidive, l'aggravation de peine correspondante devra être épargnée au complice. Le fait de récidive ne se rattache, en effet, nullement au fait incriminé pour en changer le caractère ; s'il motive une peine plus sévère, c'est par suite d'une considération personnelle de perversité et de culpabilité propre à celui qui s'est mis dans cet état, et ce n'est en aucune façon par suite d'une appréciation plus sévère du crime en lui-même. C'est le fait nouveau qui constitue l'état de récidive, et le fait de récidive n'aggrave pas le fait, mais seulement la peine du récidiviste. Dès lors il est clair que la peine du complice doit être celle du fait principal considéré en lui-même, et indépendant de l'aggravation résultant pour l'auteur de la qualité de récidiviste qui lui est propre.

Les antécédents judiciaires sont encore souvent invoqués lorsqu'il s'agit de déterminer la peine que mérite un coupable. Ils motivent souvent la sévérité des tribunaux dans l'application qu'ils font de peines voisines du maximum fixé par la loi. C'est encore là, évidemment, une considération personnelle qui ne doit pas influer sur la peine d'un complice.

Enfin, il ne sera pas nécessaire d'insister longtemps sur le caractère des actes postérieurs au crime, pour en déterminer la portée. Ces actes ont une existence propre et indépendante ; s'ils sont liés au fait principal, c'est tout au plus par un lien de connexité ; mais ils ne font past partie du fait commun aux auteurs et aux complices, et ne peuvent entrer en ligne de compte que pour celui d'entre eux qui en est l'auteur.

Dans ces différentes applications de la seconde proposition déduite de l'art. 59, nous avons le plus souvent raisonné en appliquant à l'autre les circonstances particulières qui nous occupent ; mais ce qui est vrai de l'un est aussi vrai de l'autre sur ce terrain, et nos raisonnements se seraient aussi bien appliqués au complice qu'à l'auteur.

Jusqu'ici nous avons déduit de l'article 59 deux propositions. Il en contient une troisième à l'aide de laquelle les dernières difficultés que présente la question de la pénalité en notre matière seront résolues.

Le fait du complice se caractérisant par le fait de l'auteur principal, il faut, dans l'appréciation de sa criminalité, écarter toute circonstance particulière au complice qui serait de nature à affecter la gravité même du fait. Toute mesure de la criminalité dans laquelle on tiendrait compte du fait de complicité serait illégale, car elle impliquerait l'abandon du *criterium* établi par la loi en thèse générale et impérative. La décomposition du principe formulé en tête de cet énoncé rend la proposition encore plus évidente. Si, en effet, d'une part, la même peine est applicable au fait principal et au fait de complicité, et si, d'autre part, cette peine commune est celle dont la loi punit le fait principal, le système contraire à notre proposition conduit nécessairement à une violation de la loi. Car, de deux choses l'une, ou l'on inflige au seul complice les conséquences pénales des aggravations qui dérivent de son fait, et alors il n'y a plus parité de peine entre les deux coupables ; ou bien l'on aggrave la peine de l'auteur principal comme celle du complice, et l'on se met en contradiction avec la règle qui veut que la peine commune soit, non pas celle du fait de complicité considéré en lui-même, mais bien celle du fait principal pur. Nous pouvons donc dire d'une manière générale, appuyé sur la volonté certaine de la loi, que dans la détermination de la peine, le complice ordinaire ne subit pas d'aggravation à raison d'une circonstance qui, de sa nature, influerait sur la criminalité de son acte, mais qui, ne se rattachant qu'à sa personne, est écartée par la loi dans l'appréciation du fait punissable.

Ce résultat est, il est vrai, fort singulier, lorsqu'on se trouve en présence d'un provocateur qui n'est au fond qu'un auteur intellectuel, et dont les actes et les qualités devraient certainement être mis en ligne de compte lorsqu'il s'agit d'apprécier la criminalité du fait connu. Mais le texte de la loi domine tout en cette matière, et la jurisprudence, quelque froissée qu'en fût la conscience publique, n'a pu méconnaître cette autorité. Ainsi, tandis que l'étranger qui aide un fils à tuer son père encourt la peine du parricide, le fils qui aide à tuer son père, celui qui fait à prix d'argent donner la mort à son ascendant par un étranger, n'est pas traité en parricide. La Cour de cassation n'a pas reculé devant cette application de la loi.

Il ne faudrait cependant pas entendre la proposition en ce sens que le juge doit complètement négliger toute circonstance de la nature de celles qui nous occupent. Certes, il le doit, lorsqu'il s'agit de fixer le degré de la peine : la circonstance particulière au complice ne peut motiver un abaissement ni une élévation dans ce degré. Mais, lorsque, la nature de la peine étant déterminée, il ne s'agit plus que d'en faire l'application, toute circonstance capable d'influer sur la culpabilité du complice doit entrer en ligne de compte, et les circonstances qui se rattachent au fait lui-même pour en modifier la nature relativement à celui-ci influent certainement sur sa culpabilité. Ce sera donc le cas d'user de la latitude laissée par la loi entre le maximum et le minimum, ou d'accorder au coupable, s'il y a lieu, le bénéfice des circonstances atténuantes. C'est ainsi que je comprends l'application de cette dernière proposition.

Tel est l'exposé complet de la doctrine établie par la loi dans l'art. 59 sur l'application de la pénalité à la complicité. Nous la résumons en trois propositions, celles que nous avons déduites du texte lui-même :

1° Le fait de complicité se caractérise par le fait principal.

2° A raison de considérations étrangères à l'incrimination, la peine peut ne pas être la même pour le complice et pour l'auteur principal.

3° Le complice ordinaire ne subit pas une aggravation à raison d'une circonstance qui ne se rattache qu'à sa personne.

A ces trois propositions nous ajouterons cette remarque puisée dans le texte de l'art. 55 du Code, et en vertu de laquelle il y a solidarité entre les auteurs et les complices pour le paiement des amendes prononcées contre eux ; cette solidarité existe de plein droit, et a le caractère d'être impérative, sans dispense possible. Il est clair toutefois qu'elle n'embrasse que ceux qui ont été frappés dans le même jugement : le sort d'un condamné ne peut être aggravé par un jugement postérieur.

C'est ici que se borne notre tâche sur la question posée en tête de ce chapitre. Mais l'art. 59 qui nous a servi à la résoudre donne encore lieu à d'autres observations, relatives, les unes, à sa sphère d'application, les autres, à certaines conditions constitutives de la complicité. Il importe enfin de dire aussi quelques mots de la pénalité applicable aux coauteurs. Ces différents points occuperont la fin de ce chapitre, dont ils dépendent par une corrélation toute naturelle.

SECTION DEUXIÈME

Portée de l'article 59.

La portée de l'art. 59, tel qu'il est conçu, est absolument générale. Inscrit en tête du second livre du Code pénal, qui traite des personnes punissables, excusables ou responsables pour crimes ou pour délits, il n'est pas étonnant qu'il participe de la généralité des règles contenues dans cette partie théorique pour ainsi dire du Code pénal. Il faut donc l'appliquer à tous les faits qualifiés crimes ou délits par la loi, sauf, comme il le dit lui-même, dans les cas où la loi en aurait disposé autrement.

Rien n'est plus certain et rien n'est plus simple que cette règle sur l'application de l'article 59. Mais, dans la pratique, il s'est présenté de nombreuses difficultés sur sa mise en œuvre. S'il est en effet des circonstances précises, dans lesquelles la loi s'est expliquée de manière à ne laisser subsister aucune incertitude sur ses intentions, il est aussi bien des cas dans lesquels le doute peut s'élever sur l'opportunité de l'application des principes contenus dans l'article 59. En d'autres termes, faut-il admettre des dérogations implicites à l'article 59; et s'il en existe, comment les reconnaître? Il est difficile, il est même impossible de dire que la loi ne peut renfermer aucune dérogation implicite à une règle qu'elle a préétablie, et par cela même que nous sommes en droit pénal sous l'empire du droit strict, il faut admettre qu'un texte dont l'interprétation rigoureuse se trouve absolument en contradiction avec une règle générale doit l'emporter sur celle-ci. Il peut donc y avoir à nos yeux des dérogations implicites à l'article 59. Mais comment les reconnaître? c'est ici que la difficulté augmente. Voici le procédé d'interprétation qui nous paraît devoir être suivi. L'art. 59 a la prétention d'être général; il ne s'incline *à priori* que devant les exceptions résultant de dispositions spéciales de la loi. Nous avons admis pourtant que les dérogations pourraient être implicites. Que dire alors, si ce n'est que, le droit pénal étant de droit strict, toutes les fois que l'intention exprimée dans le texte en question ne se trouvera pas absolument en contradiction avec la règle générale, il faudra faire l'application de cette dernière dont l'autorité paraît dominante dans la pensée du législateur ?

Donc, pour exprimer en une seule formule quelle est la portée de l'article 59, nous dirons qu'il s'applique à tous les crimes et délits, sauf les dispositions de la loi qui lui sont expressément contraires ou qui sont inconciliables avec lui.

Cette méthode d'interprétation a été maintes fois professée par la Cour de cassation.

Mais lorsque nous étendons les règles contenues dans les articles 59 et 60 à tous les crimes et délits, nous n'entendons nullement nous restreindre à ceux prévus par le Code pénal. Les faits qualifiés de cette manière par des lois antérieures ou postérieures au Code tombent aussi sous leur application. Le Code constitue en effet la loi pénale générale, et, particulièrement dans la partie qui nous occupe, il a fixé des règles invariables souvent appliquées et reconnues dans des lois postérieures, et toujours applicables aux faits et circonstances prévus par celles-ci. Au reste, en reconnaissant à la loi, en général, le droit d'établir des dispositions spéciales, il indique bien la prétention de s'étendre à toute loi qui ne repousse pas son application. C'est encore la doctrine de la Cour de cassation.

Parmi les faits punissables, à côté du crime ou du délit consommé se place la tentative de l'un ou de l'autre. Dès lors, y a-t-il lieu à l'application de l'art. 59 dans les cas où les faits de complicité ne se rattachent qu'à une tentative de crime ou de délit ?

Au simple examen des termes de l'article 60, la question est résolue. Cette disposition en effet frappe des peines de l'article 59 tous ceux qui se sont rendus complices d'une action qualifiée crime ou délit, dans les circonstances et de la manière qu'il définit plus loin. — La formule est donc générale, et comprend non-seulement les faits qui par eux-mêmes constituent des crimes ou des délits consommés, mais encore tous ceux qui sont simplement qualifiés crimes ou délits par la loi. Or nous savons qu'aux termes de l'art. 2, toute tentative de crime qui aura été manifestée par un commencement d'exécution, si elle n'a été suspendue ou si elle n'a manqué son effet que par des circonstances indépendantes de la volonté de son auteur, est considérée comme le crime même, ce qui revient à dire qu'elle est qualifiée crime. De même, l'art. 3 déclare que les tentatives de délits ne seront considérées comme délits que dans les cas déterminés par une disposition spéciale de la loi, c'est-à-dire que la tentative de délit, lorsqu'elle est punissable, est assimilée à un délit. En présence d'une semblable qualification de la tentative du crime et de la tentative de délit, aucun doute ne peut s'élever sur l'application de l'art. 59 au complice d'un pareil fait.

Toutefois, dans le cas où la tentative échoue par le repentir du complice, il doit être à l'abri de toute peine, même si cette tentative est punie par la loi et reconnue criminelle contre l'auteur du fait. Pour qu'on puisse en effet invoquer la règle de l'art. 59, en vertu de laquelle la responsabilité du complice se mesure uniquement sur celle de l'auteur, au moins faut-il qu'il y ait un complice. Or, dans notre espèce, le repentir manifesté par l'auxiliaire d'une manière si complète et si efficace doit être considéré comme suffisant pour le dégager des liens de la complicité.

Mais si la complicité est punissable comme l'est un crime ou un délit, la tentative de complicité doit-elle être assimilée à la tentative de crime ou de délit ? Aucune disposition de la loi ne se réfère à la tentative de complicité. Celles qui définissent et punissent la complicité elle-même sont assez explicites sur tout ce qui concerne leur application, et toutes supposent une complicité effective ; elles exigent même, nous l'avons vu, qu'une influence ait été réellement produite par le complice dans l'accomplissement du délit. D'autre part, le caractère accessoire d'un acte de complicité, son importance souvent minime lorsqu'on le considère en lui-même, le faible préjudice qu'il apporterait isolément à la société, excluent les motifs qui conduiraient à regarder comme punissable une tentative en cette matière. Par toutes ces raisons, non-seulement il est prudent, mais encore il est juste, de déclarer que la tentative de complicité échappe à toute sanction pénale et notamment à celle de l'article 59.

Cette disposition est également inapplicable aux contraventions de simple police, à moins d'une déclaration contraire de la loi. Les termes mêmes de l'article 59 excluent en effet cette application de la manière la plus nette et la plus certaine. Nous sommes sur le terrain du droit strict, il ne faut pas l'oublier. Les articles 479, 8° et 480, 5° indiquent d'ailleurs bien clairement la volonté du législateur à cet égard. Ils prennent en effet soin, en édictant la peine de ceux qui troublent le repos public par des bruits ou tapages nocturnes, de leur assimiler leurs complices. A quoi servirait donc ce rappel à la règle de l'article 59, si, dans toutes les espèces qui précèdent et suivent ces dispositions dans les mêmes articles, il y avait lieu de l'appliquer ? S'il y a un argument *a contrario* puissant, c'est certainement celui-là, surtout en notre matière de droit strict. Il faut donc dire que les complices de ceux qui se rendent coupables de contravention échappent en principe à toute sanction pénale. L'hypothèse prévue par les articles 479, 8° et 480, 5°, comporte notamment une exception à cette règle.

Mais, parmi les contraventions, il en est d'une nature mixte, ou du moins qui paraissent telles à première vue.

Certaines contraventions en effet sont punies de peines correctionnelles. Faut-il en conséquence les faire rentrer sous l'application des principes généraux? La question paraît devoir être résolue par une distinction. Les contraventions frappées par la loi de peines correctionnelles n'ont pas toutes en effet le même caractère. Les unes toujours qualifiées contraventions par la loi subissent purement et simplement une aggravation de peine qui n'altère pas leur nature ni leur caractère. Pour celles-là, elles doivent, en dehors de la dérogation établie par la loi aux règles générales en matière de contraventions, retomber sous l'application de ces règles qui les mettent à l'abri de l'article 59. D'autres, au contraire, bien que ne constituant de leur nature que des contraventions, puisque la loi ne recherche pas pour les punir s'il y a eu intention criminelle chez leurs auteurs, ont cependant été qualifiées délits dans les textes qui les frappent de peines correctionnelles. Cette qualification paraît indiquer une idée particulière chez le législateur, et bien que les faits auxquels elles se rapportent ne soient pas de ceux qui portent atteinte aux règles fondamentales de l'ordre social, bien que ces faits n'engagent pas la moralité de ceux qui les ont commis, il faut pourtant dire avec la loi que ce sont des délits. Ainsi en est-il des délits de chasse. Et si l'on prend ce dernier exemple, l'art. 20 de la loi du 3 mai 1844 fournit encore un argument à l'appui de notre opinion qui nous porte à traiter ces faits comme des délits ; cet art. 20 dispose en effet que l'art. 463 sera inapplicable aux délits de chasse. Or quelle nécessité de faire cette déclaration, si les différentes violations commises aux lois sur la chasse n'étaient que de simples contraventions ? Ne faut il pas dire bien plutôt que c'est à raison de la nature toute spéciale du délit de chasse que la loi a cru opportun d'écarter l'application de l'art. 463? Dès lors, n'est-il pas clair que si elle a vu dans le fait qui nous occupe un délit d'une espèce particulière, au moins elle y a vu un délit. En présence de ce caractère spécial reconnu à certaines contraventions, il faut, pour être rigoureux, conclure à l'application de l'art. 59 ; et cette solution est d'autant plus conforme au texte de la loi que l'article 60, nous l'avons vu, se réfère à toutes les actions qualifiées crimes ou délits par la loi, sans s'arrêter à la nature intime du fait considéré en lui-même.

SECTION TROISIÈME

Conditions nécessaires pour l'application de la peine.

Nous connaissons maintenant la sphère d'application de l'art. 59. Pour épuiser complétement le sujet, il nous reste à étudier certaines conditions auxquelles est subordonnée cette application, conditions générales, constitutives de la complicité, exigées par la science comme par le Code, et dont nous avons remis jusqu'ici l'exposé pour ne pas faire tort au développement complet de l'art. 59.

Le fait de complicité se caractérise d'après le fait principal, la criminalité du premier se mesure sur celle du second : la complicité n'est donc un fait criminel et punissable qu'autant qu'elle se rapporte à un fait criminel et punissable, ce qui, en droit, revient à dire qu'il n'y a complicité punissable que dans le cas où l'existence d'un fait principal constituant un crime ou un délit a été reconnue contradictoirement avec le complice. Telle est une des conditions préliminaires indispensables à l'application de l'article 59. En justice, en effet, il n'y a que les faits prouvés et reconnus entre les parties intéressées qui soient considérés comme constants ; la double preuve de l'existence du fait principal et de sa criminalité est donc essentielle dans notre espèce. Aucun doute ne peut s'élever sur ce point.

Cependant, il ne faudrait pas dire que toutes les fois que le fait principal n'est pas prouvé ou caractérisé à l'égard de la personne accusée et convaincue de complicité, celle-ci doit être renvoyée des fins de l'accusation. Ce serait parfois faire une fausse application de la règle telle qu'elle est conçue et telle qu'elle se comporte. Il est possible en effet que l'acte commis par le prétendu complice, et qui l'aurait constitué tel, si le fait principal eut été prouvé à son égard ou reconnu punissable, soit par lui-même un acte criminel. Dès lors, le prétendu complice doit être retenu pour ce nouveau motif, s'il est invoqué en temps et lieux voulus, et puni pour le fait dont il s'est personnellement rendu coupable. Il est seulement à remarquer que ce ne sera nullement par exception à notre règle.

La jurisprudence a dans un exemple remarquable reconnu plus d'une fois l'autorité de cette théorie. Il n'est pas sans intérêt de reproduire l'espèce et les distinctions auxquelles elle a donné lieu.

Le suicide n'est pas incriminé par la loi française. Faut-il en conclure que la complicité en pareille matière doit toujours rester impunie ? Certains jurisconsultes et certains tribunaux se sont rendus à cette conclusion. Mais la Cour de cassation avec d'autres criminalistes a repoussé cette doctrine absolue par une distinction que je crois raisonnable et juridique. Si le complice est resté dans les bornes d'une simple assistance, n'a aidé la victime que dans les préparatifs du suicide, n'a accompli en un mot que des actes permis en eux-mêmes et ne constituant pas de leur seul fait une violation de la loi, l'homme assez égaré pour prêter son concours à une semblable entreprise n'est responsable à leurs yeux que devant Dieu et sa conscience. Mais si la coopération a été plus active, si elle s'est traduite en un acte criminel par lui seul, si par exemple le complice a donné le coup mortel à la victime, s'il a accompli un acte tellement essentiel à la réalisation du but proposé qu'on puisse le considérer comme la cause du mal ou d'une partie du mal produit, le prétendu complice se transforme en un véritable auteur, auteur d'un crime ou même d'un meurtre, qui doit subir les conséquences pénales de son acte criminel. Et le consentement donné par la victime en pareille circonstance non plus que le défaut d'intention coupable chez l'assistant ne peut être invoqué contre l'autorité de cette décision, car il n'y a pas de volonté humaine qui puisse affranchir des lois de la morale, de même qu'il n'y en a pas qui ait le droit de les transgresser. Ceci n'est peut-être pas écrit dans le Code, mais c'est une de ces vérités fondamentales sans lesquelles on se demanderait la raison d'être du Code lui-même.

Dans l'hypothèse du suicide et dans les circonstances où nous nous sommes placé, il y a donc eu un crime commis, crime qui doit être puni, puisqu'il ne rentre dans aucun cas d'excuse ou d'exception établi par la loi. Plus d'une espèce intéressante a fourni l'occasion à la Cour suprême d'appliquer cette ingénieuse et juste distinctinction, qui n'est que la reproduction de la théorie énoncée plus haut.

Mais, si c'est une condition nécessaire à l'application des peines de la complicité que cette reconnaissance contradictoire avec l'accusé de l'existence et du caractère criminel de l'acte principal, peut-on dire au moins que c'est une condition suffisante ? A considérer dans sa simplicité et sa généralité la règle qui fait au fond tout l'article 59, et qui consiste à déterminer la criminalité et la peine du fait de complicité par la criminalité et la peine du fait principal, on est bien tenté de dire qu'une fois la condition ci-dessus remplie, rien ne manque plus à la mise en œuvre de la règle elle-même. Mais nous verrons par la suite qu'il est des circonstances dans lesquelles cette conclusion se trouverait en défaut. Si l'on veut donc dès à présent donner une formule générale pour définir les conditions d'application de l'article 59, il faut pour être prudent se contenter d'affirmer que le complice est punissable dès que l'existence d'un fait principal constituant un crime ou un délit a été reconnue contradictoirement avec lui, à moins que la loi n'en ait disposé autrement.

Toutefois, il est utile d'énoncer cette vérité sous une forme générale ; car on évite de la sorte bien des difficultés. C'est ainsi qu'on arrive tout de suite à nier, comme l'a fait la Cour de cassation, la nécessité d'une poursuite dirigée contre l'auteur principal ou d'une condamnation prononcée contre lui ; de même, on décide encore avec la même Cour qu'il n'est pas nécessaire que l'auteur principal soit personnellement connu pour qu'une condamnation puisse être prononcée contre son complice convaincu d'avoir participé à un fait principal coupable. Il a été également reconnu que la fuite ou le décès de l'auteur principal ne fait pas obstacle à la condamnation du complice. Enfin, c'est par application de la même règle que l'on doit encore décider que l'absolution du mineur de seize ans pour défaut de discernement n'affranchit pas le complice des conséquences du crime ou du délit auquel il a concouru. A propos de cette solution, il est intéressant de remarquer l'accord qui existe entre notre nouvelle règle et celle que nous avons dégagée plus haut de l'article 59, et en vertu de laquelle les qualités personnelles de l'auteur qui ne modifient pas la nature du fait principal ne nuisent ni ne profitent au complice.

Mais, si étendue que soit cette proposition, nous savons qu'elle comporte une limitation. Une première question générale se présente sur le point de savoir, si, dans le cas où une disposition formelle de la loi affranchit l'auteur principal de tout châtiment, le complice peut invoquer pour lui le même bénéfice, malgré sa culpabilité reconnue. Ainsi posée, la question me paraît devoir être résolue négativement. S'il est, en effet, prouvé qu'une personne a participé à un acte qualifié criminel par la loi, si aucun motif d'absolution n'existe en faveur de ce complice convaincu, les principes nous disent qu'il ne faut pas d'ailleurs s'arrêter à l'effet de considérations personnelles à l'auteur, mais punir le fait de complicité caractérisé par la criminalité intrinsèque du fait principal. Et si nous nous en référons aux règles générales établies par le Code sur la matière, nous ne trouvons aucune disposition contraire à cette solution, conforme à la morale et aux principes les plus certains de la science pénale. Sur ce terrain des idées générales, je ne crois pas qu'on puisse élever un argument sérieux contre une théorie aussi simple et aussi juste. Jusqu'ici donc, il semble que rien ne s'oppose à l'application de notre proposition considérée même dans toute sa généralité.

Mais si, une fois cette théorie établie sur les principes mêmes du Code, on pénètre dans l'examen des applications qu'il a dû en faire, on arrive forcément à constater qu'il n'y a pas toujours été fidèle, et c'est alors qu'il faut reconnaître que la règle ci-dessus énoncée serait fausse, prise dans sa généralité. L'article 380 fournit un exemple remarquable de la limitation qu'il importe en effet de lui faire subir. Dans sa première partie, cet article dispose que « les soustractions commises par des maris au pré« judice de leurs femmes, par des femmes au préjudice « de leurs maris, par un veuf ou une veuve quant aux « choses qui auraient appartenu à l'époux décédé, par « des enfants ou autres descendants au préjudice de leurs « père ou mère ou autres ascendants, par des pères « ou mères ou autres ascendants au préjudice de leurs « enfants ou autres descendants ou par des alliés au « même degré, ne pourront donner lieu qu'à des répara« tions civiles », et par conséquent qu'elles n'emportent aucune peine. Mais, dans sa seconde partie, ce même article, s'occupant des autres personnes qui ont pu concourir à ces soustractions, ne punit que celles qui auront recélé ou appliqué à leur profit tout ou partie des objets volés. Certes, en droit pénal, cette disposition veut bien dire que le complice ordinaire du fait dont il s'agit est exempté de tout châtiment. En présence de cette seconde partie de l'article, il est impossible sous peine de témérité de décider autrement. C'est là une des limitations les plus certaines et les plus importantes de notre règle. La jurisprudence en a fait maintes fois l'application.

Cependant, il ne faut pas vouloir dans cette voie des exceptions aller plus loin que la loi elle-même. Si, dans l'espèce, elle a réservé ceux qui se sont rendus coupables de recel ou qui se sont approprié une partie des objets volés, il faut faire retomber ceux-ci sous l'application des règles ordinaires de la complicité. Car, à prendre les choses dans leur réalité, malgré la clémence de la loi envers les auteurs principaux, malgré la faveur toute exceptionnelle qu'elle étend à leurs complices, il n'y en a pas moins eu un vol, ainsi qualifié et déterminé par la loi elle-même dans l'art. 380 ; il y a donc eu un acte criminel pouvant donner matière à complicité, et quand une peine est admise contre certains de ceux qui ont participé au fait criminel, c'est bien certainement à raison de ce caractère du fait principal. Il est vrai que la seconde partie de l'article 380, en frappant cette catégorie de coopérateurs, dit en propres termes qu'ils seront punis comme coupables de vol. Les partisans du système contraire au nôtre, par une interprétation judaïque du texte, déclarent alors que ces personnes sont punies uniquement comme coupables du délit de vol, c'est-à-dire de vol simple, ce qui leur procure l'avantage considérable d'échapper aux conséquences de toutes les aggravations qu'a pu subir le fait de la soustraction frauduleuse. Mais il est impossible de se rendre à une pareille explication de l'article 380. Outre l'injustice flagrante qu'elle sanctionne, elle conduit en effet directement à donner la qualité d'auteur d'un délit spécial, toujours le même et tout particulièrement défini et qualifié, à une personne dont la culpabilité consiste à avoir participé accessoirement à un fait dont la nature et l'importance peuvent être extrêmement variables. Cette manière de caractériser la responsabilité du coupable est par trop arbitraire et surtout par trop contraire à la réalité des faits. Il est d'ailleurs impossible de se rendre compte des éléments de ce prétendu vol principal ; il ne soutient pas un seul instant l'analyse. L'acte coupable dont il s'agit n'est, en effet, qu'un acte secondaire, dont la gravité tient uniquement, mais tient toujours à la gravité d'un fait principal : nous sommes, en un mot, dans toutes les conditions constitutives de la complicité ; il faut le reconnaître, et en admettre les conséquences. Cette doctrine est celle de la Cour de cassatiou.

Les raisonnements que nous venons de faire supposent la soustraction frauduleuse accomplie dans les termes de l'article 380, illicite d'ailleurs, bien que non punissable pour ses auteurs principaux. De cette remarque il suit évidemment que, si la soustraction frauduleuse a été accomplie dans des circonstances qui la rendent licite, comme dans l'hypothèse où c'est le mari d'une femme commune qui dérobe à celle-ci quelque objet dépendant de ses propres, toute complicité punissable disparaît.

Toutes ces observations nous ont amené à constater l'existence d'une première série d'obstacles apportée par la loi à l'application de la règle générale posée plus haut. Un nouvel obstacle résultera d'une nouvelle règle que je crois générale et qui s'oppose à la première. La pratique a en effet présenté cette circonstance bizarre dans laquelle, le complice ayant été reconnu coupable de s'être associé à l'accomplissement d'un fait principal criminel, il a été jugé à l'égard de l'auteur principal dans la même instance que le crime manquait de l'un de ses caractères élémentaires. Si étrange que fût cette contradiction, elle s'est cependant produite, et il a fallu plusieurs fois résoudre la difficulté qu'elle soulevait. Pour moi, je n'hésite pas à décider la question par cette règle générale que le complice ne peut être condamné, toutes les fois que l'auteur principal convaincu du fait qui lui était reproché n'a pas été puni à raison d'une vérification incomplète de la criminalité de ce fait. Malgré l'autorité de la vérification contraire acquise vis-à-vis du complice, il n'en est pas moins toujours vrai que la criminalité de sa conduite est abandonnée à celle de l'acte de l'auteur principal ; ceci est un principe supérieur à tous les jugements et à tous les arrêts. Il est inadmissible qu'une déclaration contraire puisse être faite, et, si elle se produit, elle doit être considérée comme non avenue pour le complice.

Il importe de remarquer que cette décision si rigoureuse qu'elle soit, ne compromet nullement la solution de la question qui se présente dans l'hypothèse réciproque de la nôtre. Si nous supposons en effet que l'acte principal ait été reconnu coupable vis-à-vis de l'auteur principal et qu'il ne l'ait pas été à l'égard du complice, il n'est nullement nécessaire de subordonner encore la situation du complice à celle de l'auteur et de le punir par la seule raison que celui-ci doit être condamné. Car, s'il est vrai de dire que là où il n'y a pas de crime il ne peut y avoir de complice, ce qui est au fond le raisonnement de notre première hypothèse, il n'est pas exact d'affirmer que là où il y a crime il y a nécessairement complicité. Dès lors, il n'y a pas une contradiction juridique entre les situations respectivement faites aux accusés dans la seconde hypothèse, et il ne serait pas rigoureux, en thèse générale surtout, de conclure de la condamnation du premier à la condamnation du second.

La solution de notre difficulté est donc certaine, et la proposition qui en résulte s'oppose une fois de plus à l'application dans sa généralité de la règle que nous avons formulée plus haut.

La même règle reçoit-elle encore exception dans le cas où il est affirmé d'une part que le complice est coupable d'avoir coopéré au crime ou au délit exécuté par la personne désignée nommément comme auteur principal, tandis que d'autre part, il est au contraire déclaré que cette personne n'est pas coupable de ce même crime ou de ce même délit ?

Pour discuter clairement cette question, il importe de bien préciser l'hypothèse.

Pierre et Paul sont poursuivis à raison d'un même fait, Pierre, comme auteur principal, Paul comme complice. Il est décidé que Pierre n'est pas coupable. Quant à Paul, il est jugé contre lui tout à la fois que le fait matériel du délit existe avec tous ses caractères et qu'il s'en est rendu complice en assistant Pierre par l'un des modes prévus par l'article 60. Ces deux décisions sont-elles inconciliables, et leur contradiction doit-elle entraîner au bénéfice de Paul la révision du jugement prononcé contre lui ?

Au premier abord, bien des motifs se présentent en faveur de l'affirmative. Si en effet Paul est déclaré coupable d'avoir coopéré à un crime ou à un délit, il n'est déclaré complice que du crime ou du délit commis par Pierre ; mais si, d'un autre côté, Pierre n'est pas coupable de ce crime ou de ce délit, comment admettre que Paul puisse être puni comme complice de Pierre ? Ce serait violer l'article 59 du Code pénal. Et cette conclusion paraît d'autant plus juste qu'il est reconnu par le Code et par la science rationnelle que l'existence d'un fait principal criminel est essentielle à une imputation de complicité. Or, dans l'espèce, le fait principal, en admettant qu'il soit constant, ne manque-t-il pas d'un caractère capital de criminalité ? car s'il est reconnu que Pierre n'est pas coupable, c'est sans doute parcequ'il n'a pas eu d'intention mauvaise, et dès lors quel est le fait criminel qu'il a commis?

Ce double raisonnement, tout spécieux qu'il soit, n'en est que moins exact. Et d'abord faut-il s'étonner que, de deux personnes accusées d'avoir ensemble participé à un même fait, l'une puisse être reconnue coupable et l'autre innocente? Ne faut-il pas, en effet, outre la matérialité de l'acte que je ne mets en doute ni pour l'un ni pour l'autre, considérer la moralité de l'action ? Et, s'il y a une corrélation nécessaire au premier point de vue entre le fait de l'un et le fait de l'autre, n'y a-t-il pas au point de vue de la moralité de l'action une indépendance complète entre les deux parties ? Aucun doute ne peut s'élever sur ce point. Les appréciations de cette nature et les considérations de cet ordre sont purement personnelles à ceux auxquels elle se rapportent. Nous avons déjà plus d'une fois dans le cours de cette étude fait l'application de cette vérité incontestable. Dès lors, il est parfaitement admissible que l'auteur principal n'ait pas été jugé pénalement responsable du fait criminel, vérifié d'ailleurs dans son existence et ses caractères, tandis que le complice a été reconnu coupable d'avoir participé à ce fait, avec toutes les conditions constitutives de la responsabilité pénale. Donc, en fait, comme en droit, la première objection n'établit aucune contradiction entre les deux décisions, et ne fait nullement obstacle à l'art. 59, qui n'a jamais prétendu s'opposer à ce qu'il fut rendu à chacun selon ses œuvres.

Mais cependant, dirait-on encore volontiers, le fait principal manque toujours de l'un de ses éléments constitutifs, de l'élément intentionnel qui doit lui donner sa criminalité. Cette objection serait absolument fausse. Lorsque la loi caractérise un crime ou un délit, elle n'établit pas les conditions de la responsabilité à laquelle peut donner lieu ce crime ou ce délit. Elle désigne un fait, l'étendue du mal qu'il a causé, les circonstances matérielles dans lesquelles ce mal s'est produit; quelquefois elle s'arrête à la qualité de la personne qui en est l'auteur; en un mot, elle prévoit ou qualifie un acte préjudiciable à la société, pour en réprimer l'exécution, et précise en thèse générale toutes les conditions de sa criminalité, conditions toujours intrinsèques au fait lui-même, invariables, et dont la recherche et la preuve, n'engageant par elles-mêmes la responsabilité d'aucune personne individuellement déterminée, autorisent seulement à dire que tel crime ou tel délit a été commis. Cette première partie de l'instruction terminée, reste à résoudre la seconde, la plus intéressante, mais qui est toute différente. Elle se déroule en effet tout entière sur le terrain de la responsabilité, où les appréciations, nous l'avons déjà dit, deviennent personnelles et ne modifient en rien la nature du fait d'ailleurs vérifié dans tous ses caractères.

Par tous ces motifs, je crois pouvoir affirmer qu'il

n'existe aucune contradiction dans le double jugement sur lequel nous avons raisonné, et que, par suite, malgré l'acquittement de l'auteur principal le déclarant irresponsable du crime commis, une autre personne peut être punie comme son complice. Notre règle générale ne souffre donc pas ici une nouvelle exception.

Cette intéressante difficulté a longtemps agité la jurisprudence, et la Cour de cassation a plus d'une fois varié dans ses décisions à cet égard. Actuellement sa doctrine paraît fixée dans le sens de notre opinion, et, le 18 février 1859, elle a formulé de la manière la plus précise et la plus sérieuse les motifs d'un arrêt confirmant plusieurs de ses décisions précédentes. « Attendu, dit la Cour, « qu'en matière criminelle la question de culpabilité « comprend deux éléments distincts : la matérialité du « fait et l'intention criminelle de son auteur ; que le jury « peut donc, en admettant l'existence du fait matériel, « écarter la criminalité de l'intention ; qu'il suit de là « que la réponse négative du jury à la question de culpa- « bilité de l'auteur principal ne forme point obstacle à ce « que la même question soit résolue affirmativement à « l'égard du complice ; qu'une déclaration ainsi formulée « ne présente ni contradiction ni inconciliabilité dans ses « dispositions ; qu'il en résulte seulement que le jury a « apprécié différemment la criminalité de l'intention à « l'égard de l'un et de l'autre accusé. » Ces motifs me paraissent indiscutables.

En résumé, cette longue discussion nous autorise à formuler en deux propositions les conditions auxquelles l'article 59 est applicable.

La première consiste à dire que le complice n'est punissable que si l'existence d'un fait principal criminel a été reconnue contradictoirement avec lui.

La seconde exige, dans le cas où l'auteur principal a été convaincu du fait qui lui était reproché, que la criminalité de ce fait ait été reconnu aussi bien à son égard qu'à l'égard de son complice. Ces deux conditions sont nécessaires et leur concours est suffisant pour entraîner l'application de l'article 59.

SECTION QUATRIÈME

De la responsabilité du coauteur.

Nous avons plus haut, pour mieux déterminer les caractères distinctifs de la complicité auxiliaire, donné la définition du coauteur dans le système du Code. Il nous est apparu sous les traits de celui qui, spontanément ou sous l'influence d'autrui ayant conçu l'idée d'un crime, a librement coopéré à son exécution matérielle par des actes essentiels et principaux. Cette définition, incomplète aux yeux de la science rationnelle, est autorisée par le Code qui, en attribuant au complice un caractère accessoire, indique bien l'importance principale et essentielle qu'il reconnaît à l'auteur. C'est elle qui, à défaut de textes spéciaux, nous guidera dans l'appréciation de la responsabilité pénale du coauteur.

Et d'abord, il est un point sur lequel aucune difficulté ne peut s'élever ; c'est celui du choix de la peine applicable au coauteur. Cette peine est évidemment celle du crime ou du délit qu'il a commis ; de ce qu'il y a plusieurs auteurs, il ne suit pas qu'ils ne soient responsables chacun individuellement du crime que chacun a en réalité commis. La partie intéressante et délicate du problème consiste à déterminer l'influence réciproque du lien, qui unit entre eux les différents coauteurs d'un même crime, sur la responsabilité pénale de chacun d'eux.

Mais il importe, avant d'entrer dans l'examen de ces difficultés, de bien préciser les conséquences naturelles de la qualité de coauteur. Nous avons déjà posé en principe, le Code sous les yeux, par interprétation de l'art. 59, que la criminalité du fait principal, qui sert de base à l'appréciation de la responsabilité de chacun dans l'hypothèse de la complicité, dépend absolument et uniquement de l'auteur principal : celui-ci importe dans l'incrimination toutes les circonstances aggravantes qui procèdent soit de ses actes soit de sa personnalité. Or le coauteur est un auteur principal ; ses actes et sa personnalité doivent donc entrer en ligne de compte, lorsqu'il s'agit d'apprécier la criminalité du fait principal. Cette remarque est certaine.

La première question qui se pose dès lors est celle de savoir si le coauteur est, comme le complice, responsable des circonstances aggravantes du crime ou du délit ne dérivant pas de son fait. A cette question, il faut répondre affirmativement. Si l'on compare en effet le coauteur, duquel procède l'aggravation, et ses simples complices d'une part, et les autres coauteurs, d'autre part, on reconnaît aux personnes qui forment les deux termes de ce rapport un caractère commun, celui d'être engagées dans la responsabilité du même délit ; si, d'un autre côté, on considère isolément dans le premier terme les simples complices auxiliaires, on les trouve frappés des conséquences pénales de l'aggravation, malgré leur importance purement secondaire dans l'application de la pénalité comme dans l'accomplissement du crime. Si enfin, on rapproche le coauteur du complice, on arrive nécessairement à cette conclusion, que le lien qui a été assez fort pour engager le complice dans la responsabilité des actes aggravant le fait principal doit être, et même *a fortiori*, suffisant pour produire le même effet à l'égard du coauteur ; car l'importance de ce dernier, principale dans le délit, est aussi principale dans l'application de la pénalité.

A cette décision on opposerait peut-être le texte des articles 59 et 60 qui, tous deux, dans le système que nous avons adopté ne se référant qu'aux complices, semblent exclure ainsi l'application au coauteur des principes qu'ils posent. Cette objection ne m'arrêterait pas.

L'auteur, aux termes mêmes de l'article 59, importe en effet dans la criminalité de l'acte principal toutes les aggravations dérivant de son fait; et ce principe est aux yeux du Code une vérité générale; il forme la base du système de la complicité, sans avoir été en aucune façon inspiré par une considération particulière. Or l'imputation qui pèse sur la personne d'un coauteur est précisément celle du fait principal, et du fait principal tel qu'il se comporte avec toute sa criminalité, c'est-à-dire aggravé par les actes ou la qualité de l'un quelconque des coauteurs. Donc, encore une fois, la peine que chacun d'eux doit subir est celle du crime ou du délit tel qu'il a été aggravé.

La spécialité des articles 59 et 60 ne nous empêche donc pas de décider que le coauteur subit les conséquences pénales de toutes les aggravations procédant du fait de son coauteur.

La combinaison des articles 321 et 322 avec les articles 323 et 324 du Code pénal est l'origine d'une intéressante question en matière de complicité; cette question se reproduit à propos du coauteur, mais dans des termes beaucoup plus simples. Il s'agit d'abord de savoir si les art. 323 et 324, qui déclarent le parricide et en général le meurtre du conjoint inexcusables, font obstacle à ce que le coauteur, descendant ou conjoint de la victime, invoque le bénéfice de l'excuse accordée dans certains cas par les articles 321 et 322.

L'affirmative ne paraît pas douteuse. Le coauteur, en effet, est l'un des auteurs du crime, à tel point que sa personnalité, s'il y a lieu, constitue l'un des éléments de l'incrimination. Donc, s'il est descendant ou conjoint de la victime, les circonstances prévues par les art. 323 et 324 sont réalisées et le sont par son propre fait. Il faut donc appliquer ces deux dispositions et refuser au coauteur le bénéfice de l'excuse accordée par les deux précédentes.

Sous ce premier aspect, la question ne présente aucune difficulté. Mais pour la traiter complétement il faut maintenant se demander si, dans la même hypothèse et la solution précédente admise, les autres coauteurs du crime conservent le droit d'invoquer les articles 321 et 322. La solution donnée plus haut à propos des complices dans les mêmes circonstances s'applique et par les mêmes motifs aux coauteurs. Pour justifier cette affirmation, il suffit de rappeler que les deux dispositions exceptionnelles qui nous occupent ne modifient en rien la criminalité du fait principal lui-même, et sont au contraire purement personnelles au descendant ou au conjoint auteur du meurtre, en sorte que l'imputation qui pèse sur les autres coauteurs n'est relative qu'à un crime toujours soumis à leur égard à l'application des règles ordinaires de la pénalité. Nous pouvons donc, pour résumer en une seule formule la solution de la double question que nous avons posée, dire que l'inexcusabilité des articles 323 et 324 est applicable au coauteur, descendant ou conjoint de la victime, mais à celui-là seul.

L'article 380 est encore l'occasion d'une difficulté sur l'étendue de la responsabilité du coauteur. Une soustraction frauduleuse a été commise au préjudice d'une personne par son conjoint ou son descendant, que la loi ne déclare responsable que civilement. Le coauteur étranger du descendant ou du conjoint profitera-t-il de la même excuse absolutoire ? A propos de la complicité, nous avons remarqué qu'en droit positif, d'après le second alinéa de l'article 380, les complices ne sont qu'extraordinairement responsables pénalement de cette soustraction frauduleuse. Mais, en nous plaçant au point de vue des principes du Code lui-même, en considérant cette soustraction, telle qu'elle a été qualifiée par la loi, comme un vol, nous avons remarqué, et nous remarquerons encore qu'elle constitue un fait criminel punissable. Or, l'article 380 dans sa seconde partie, en faisant exception au droit commun dont l'application ressort clairement de cette remarque, ne s'est préoccupé que des complices. Nous pouvons donc sans témérité déclarer le coauteur étranger responsable pénalement du vol qu'il a réellement commis, et qui, seulement par une faveur absolument personnelle, ne produit pas de conséquences pour son coauteur. C'est la doctrine de la Cour de cassation.

Cette solution donne lieu à une conséquence évidente et qui n'est pas sans intérêt. L'exception faite au droit commun dans l'art. 380 est relative seulement au vol commis par un étranger. Or nous avons reconnu à la participation d'un coauteur tous les caractères d'un vol ordinaire. Si donc quelque personne a participé accessoirement à l'accomplissement de ce vol dans les conditions prévues par l'art 60, elle s'est rendue complice d'un fait punissable et retombe sous l'application des règles générales. Il est donc à remarquer que l'introduction dans le délit d'un personnage étranger ayant la qualité de coauteur modifie complétement la situation des complices engagés dans la responsabilité de ce délit.

Telles sont les principales questions qui se posent sur l'appréciation de la responsabilité pénale du coauteur. Elles font ressortir plusieurs différences capitales entre celui-ci et le complice, qui montrent tout l'intérêt qu'il y a à les distinguer soigneusement l'un de l'autre. Mais ces différences ne sont pas les seules qui existent entre eux. Il est notamment une circonstance dans laquelle il est fort important de reconnaître si l'on est en présence d'un complice ou d'un coauteur. Le vol est puni d'emprisonnement et d'amende par l'article 401 ; et le vol commis par plusieurs personnes dans une maison habitée entraîne la réclusion aux termes de l'article 386. Pierre entreprend un vol dans une maison habitée avec le concours de Paul. Une question fort importante à résoudre dans cette circonstance sera celle de savoir quel a été le rôle de Paul dans l'action. Est-ce un coauteur, on applique la disposition rigoureuse de l'art. 386 ; n'est-il au contraire qu'un simple complice, on ne pourra leur infliger que la pénalité plus douce de l'article 401.

C'est donc une chose fort importante que la détermination exacte des caractères distinctifs du coauteur et du complice. Sur ce point, nous nous sommes séparés de la doctrine de la Cour de cassation, et l'exposé des graves conséquences que nous venons d'étudier ne fait que nous confirmer dans notre interprétation.

CHAPITRE III

APPLICATIONS SPÉCIALES DES PRINCIPES ET EXCEPTIONS QU'ILS COMPORTENT.

SECTION PREMIÈRE

Applications spéciales.

En exposant les principes du Code, pour en mieux faire comprendre la portée, nous les avons plus d'une fois appliqués à des hypothèses intéressantes, telles que celle du suicide. Il est d'autres faits punissables qui méritent d'attirer l'attention à ce même point de vue. Le duel, l'adultère, le rapt et la séquestration nous occuperont plus particulièrement.

1° *Du duel.*

Je n'examinerai pas ici, aussi bien n'est-ce pas dans mon sujet, la question de savoir si le duel est un fait punissable. Tant qu'une loi ne viendra pas trancher cette difficulté, elle restera ce qu'elle est actuellement, c'est-à-dire presque insoluble, en pratique du moins. Dans cette situation, ce qu'il y a de plus sage, sinon de plus juridique, c'est de s'en rapporter à la jurisprudence et de raisonner avec elle dans l'hypothèse de la criminalité du duel.

Ce point de départ essentiel admis, et le texte de l'article 60 sous les yeux, il faut déclarer complices du duel et punir des peines qui y sont attachées, non-seulement ceux qui, comme les témoins, ont avec connaissance aidé ou assisté les auteurs de l'action, mais ceux qui, par dons, promesses, menaces, abus d'autorité ou de pouvoir, machinations ou artifices coupables auront provoqué au duel, ceux qui ont donné des instructions pour l'accomplir ; ceux qui ont procuré sciemment les armes ou instruments du duel.

Si le duel est un fait punissable, un crime ou un délit, ces conséquences sont inévitables. Or, quel est le duel qui ne présente pas la réunion de cette série de circonstances, le concours de cette foule d'agents ? Certes, pour donner un exemple complet de tous les cas de complicité prévus par la loi, il est difficile de mieux choisir.

Pour être logique et faire l'application exacte de la loi, la pratique devrait donc poursuivre et punir aussi bien que les témoins, et le maître d'armes qui en vue du combat a donné ses avis à l'une des parties, et le marchand ou l'ami qui a sciemment fourni les armes, et le complaisant qui a ouvert son enclos aux duellistes, et le cocher qui sciemment a conduit les parties et leurs témoins sur le lieu du combat, et le chirurgien qui a assisté à la lutte, et la personne qui par une exhortation énergique a décidé l'une des parties hésitante encore, et le chef qui a donné l'ordre à son subordonné de se battre, et tous ceux enfin qui sont aux termes de l'article 60 les complices du duel.

On recule pourtant le plus souvent devant toutes ces conséquences. Il n'en est que plus intéressant de les signaler. Cette lacune dans l'application de la loi vient d'ailleurs encore à l'appui de la réflexion, que nous sommes ici sur un terrain exceptionnel, en présence d'une difficulté toujours mal résolue, parce qu'elle est actuellement insoluble.

Cette hypothèse du duel a donné lieu dans la pratique à une difficulté curieuse. On s'est demandé si la victime même du duel ne pourrait pas être poursuivie, comme complice par provocation des blessures qu'elle aurait reques. La Cour de cassation (1) a sainement décidé la question par la négative, et par deux motifs : d'abord parce que la provocation n'est coupable que si elle remplit les conditions de l'art. 60, et ensuite, parce que l'intention criminelle de faire des blessures ne peut être présumée chez le duelliste relativement à celles qu'il a reçues lui-même.

2° *De l'adultère.*

L'adultère est un délit tout spécial, dont la poursuite et la répression sont soumises à une législation toute particulière. L'application des règles de la complicité présente donc ici un certain intérêt.

Mais d'abord, avant d'entrer dans cette application, il importe de signaler une dérogation remarquable au droit commun qui résulte de la comparaison des articles 337 et 338 du Code pénal. Aux termes du premier, « la femme « convaincue d'adultère subira la peine de l'emprisonnement pendant trois mois au moins et deux ans au plus ; » et aux termes du second, « le complice de la femme adultère sera puni de l'emprisonnement pendant le même « espace de temps, et, en outre d'une amende de 100 à « 2000 fr. » C'est l'abandon complet du système d'assimilation de l'art. 59, et dans un sens contraire à la règle posée par la science rationnelle.

(1) Cass., 15 octobre 1844.

Indépendamment de cette disposition exceptionnelle, la complicité reste régie par le droit commun, dont la combinaison avec le droit spécial de l'adultère va nous occuper.

L'article 336 établit que l'adultère de la femme ne pourra être en principe dénoncé que par le mari. La conséquence à tirer de cette disposition, c'est que, pour la justice, il n'y a pas délit d'adultère tant que la dénonciation du mari n'a pas eu lieu. Dès lors, il est évident que le complice, pas plus que la femme coupable, ne peut être poursuivi d'office par le ministère public. Pourtant, il ne faudrait pas interpréter cette conclusion dans un sens trop absolu ; elle n'est vraie que tant que le mari n'a pas dénoncé l'adultère de sa femme ; mais dès l'instant que cette seule condition suspensive à l'exercice de l'action publique est réalisée, le ministère public reprend tous ses droits et tous ses devoirs, et rien ne s'oppose plus à la poursuite du complice, même inconnu du mari. Cette solution dictée par les principes est aussi conforme à l'esprit de la législation en matière d'adultère (1). Le motif du droit exorbitant accordé au mari réside en effet dans cette idée que, le plus intéressé dans la question, il doit être le maître de décider s'il lui convient de révéler dans un scandale public le fait qui a déshonoré son foyer domestique. On comprend parfaitement alors que l'abstention

(1) *Contra :* Carnot, *Conf.*, Cass., 17 janv. 1829.

du mari suspende la poursuite du complice, dont l'effet serait nécessairement de livrer à la publicité ce qu'il a le droit et la volonté de laisser caché ou impuni. Mais on comprend aussi que, le mari ayant livré à la justice le secret de son ressentiment, aucun motif ne puisse plus arrêter le libre cours de la poursuite et de la répression.

C'est par application de ce principe rigoureux que la grâce accordée par le mari à sa femme postérieurement à la condamnation, aux termes de l'article 337, est sans profit pour le complice, pour lequel d'ailleurs on a tout lieu de supposer que le mari ne doit avoir aucune indulgence ni aucune pitié. Toutefois, il est un cas où, même après la condamnation, la grâce pourrait encore utilement intervenir pour le complice : c'est le cas où elle intervient postérieurement à l'appel interjeté par les deux condamnés : car l'appel remet tout en question ; la poursuite et le jugement de première instance sont considérés comme non avenus, et l'on se trouve dans l'hypothèse de l'article 336 (1). A ne consulter que l'esprit de la loi, cette décision se justifie encore par cette considération que le mari, maître absolu de tout ce qui intéresse son honneur, ne veut plus qu'il soit remis publiquement en discussion, et pardonne tout pour éviter un nouveau scandale.

Mais si, l'appel n'ayant été interjeté que par le com-

(1) Cour de Paris, 12 juin 1830.

plice, et le jugement de première instance ayant acquis force de chose jugée à l'égard de la femme, le mari se décide alors seulement à lui faire grâce, le droit commun reprend son empire. Il est en effet impossible d'invoquer ici une prétendue indivisibilité entre les deux causes. Car, si l'appel remet la cause en question, ce n'est qu'à l'égard du complice ; le sort de la femme est au contraire irrévocablement fixé ; il y a certainement désormais indépendance entre les deux coupables. Ce motif est purement juridique, et l'on ne peut en détruire la portée en disant que la décision expose le mari à un nouveau scandale contrairement à sa volonté. Il serait en effet aisé de répondre que, si le mari avait eu le désir d'empêcher de nouveaux débats, il lui eut été facile de le faire, en réalisant les conditions de l'hypothèse précédente, et n'exerçant son droit de grâce transformé dès lors en veto que postérieurement à l'appel interjeté par sa femme (1).

Une autre conséquence fort intéressante du droit exorbitant accordé au mari par l'art. 336, c'est que le décès de l'auteur principal rend dans l'espèce toute poursuite impossible contre le complice. L'esprit de la loi est en effet qu'un procès de cette nature ne puisse s'ouvrir sans la volonté du mari, et la circonstance actuelle justifie particulièrement ce principe.

(1) Cass., 17 janv. 1829; 29 avril 1854. — *Contrà* : MM. Chauveau et Hélie.

La jurisprudence, après une certaine hésitation, a reconnu au mari un autre droit que son droit de veto et son droit de grâce, c'est celui de se désister pendant l'instance. La Cour de cassation a admis comme conséquence nécessaire de ce désistement la cessation des poursuites dirigées contre le complice ; et il y a deux excellents motifs à donner de cette décision bien qu'elle déroge encore au droit commun. Le premier est que, le désistement étant la preuve légale de l'innocence de la femme, il fait disparaître toute culpabilité, ce qui exclut toute idée de complicité. La seconde, c'est que, la condamnation du complice intervenant malgré le désistement du mari serait aussi nécessairement la condamnation de la femme, et par suite détruirait, en fait sinon en droit, la présomption d'innocence admise par la loi.

L'article 272 du Code civil, relatif au divorce pour cause déterminée, et qui est encore aujourd'hui en vigueur en matière de séparation de corps, reconnaît aux époux le droit de se réconcilier postérieurement à l'introduction de l'instance. La jurisprudence étend (1) en matière pénale ce droit au mari qui a porté plainte contre sa femme. Quelle sera la conséquence pour le complice du pardon ainsi accordé par le mari à sa femme ? La situation est si délicate, et la loi paraît avoir voulu ménager avec tant de soin les droits du mari sur tout ce qui touche à la

(1) Cass., 7 août 1823.

considération de sa famille, que je suis porté à dire encore ici qu'il a tout pardonné pour arrêter le scandale, effrayé peut-être par le développement qu'il a déjà pris. La Cour de cassation (1) a, jugeant dans le même sens, considéré le pardon du mari comme une sorte de désistement, et lui en a reconnu l'influence.

Telles sont les principales difficultés auxquelles donne lieu l'application des principes de la complicité au cas d'adultère.

Une dernière disposition à signaler sur cette matière est celle de l'article 338 qui décide que les seules preuves admissibles contre le prévenu de complicité seront, outre le flagrant délit, celles résultant de lettres ou autres pièces écrites par le prévenu. A raison de la délicatesse et de la gravité du sujet, on a voulu éviter des débats trop compliqués.

Enfin, relativement à l'adultère commis par le mari dans les conditions de l'article 339, on a soutenu que sa complice ne pouvait être poursuivie en raison du caractère exceptionnel donné par la loi au délit d'adultère. Que le délit d'adultère ait un caractère exorbitant du droit commun, c'est incontestable; mais qu'il échappe à toutes les règles générales du Code, c'est ce qui est inadmissible. Quel qu'il soit, il est évidemment soumis à toutes celles que les articles 336 à 339 n'ont pas formellement écartées;

(1) 9 février 1839.

c'est une règle élémentaire d'interprétation qui dicte cette solution (1).

3° *Du rapt.*

L'article 357 du Code pénal déclare que le mariage du ravisseur avec la fille mineure qu'il a enlevée arrête l'action publique. Il subordonne en effet toute poursuite à la plainte des personnes qui peuvent demander la nullité du mariage, et toute condamnation à la prononciation définitive de cette nullité. Le motif de cette nouvelle dérogation au droit commun est que le mariage répare le préjudice moral causé par le crime, et fait ainsi disparaître l'un des griefs essentiels à toute poursuite pénale. Il y a aussi dans la pensée de la loi le désir d'éviter des procès scandaleux, comme dans le cas précédent.

Dans ces circonstances, il est impossible, sans bouleverser le système érigé par le Code avec de grandes précautions, de poursuivre le complice tant que les conditions de l'art. 357 ne sont pas remplies. Il doit donc rester impuni comme l'auteur principal.

La prostitution a soulevé une question très-délicate en matière de complicité, dans l'espèce où elle est l'œuvre d'une personne chargée de la surveillance de la victime. La jurisprudence s'est refusée à voir dans la tierce per-

(1) *Conf.*, Cass., 7 août 1823; Paris, 6 avril 1842, Carnot, Rauter.

sonne intervenue pour la consommation du crime les caractères d'un auteur. On s'est alors demandé si elle ne pourrait pas être atteinte comme complice. Sur cette difficile question, M. Dupin a émis une opinion contraire à la jurisprudence antérieure de la Cour de cassation (1). Dans le sens de cette dernière, on a dit que les principes des art. 59 et 60 sont généraux et doivent trouver leur application partout où la loi ne l'a pas rejetée expressément. Je reconnais parfaitement l'autorité de ce motif invoqué comme règle d'interprétation, mais encore faut-il, pour qu'il puisse être mis en avant, que les circonstances par elles-mêmes se prêtent à une imputation de complicité. Or, placée sur ce terrain, la question me paraît devoir être résolue conformément à l'avis de l'illustre procureur général. Outre, en effet, que l'on peut répondre à la précédente objection par l'esprit tout spécial et tout étroit de la loi en matière de délits relatifs aux mœurs, il me semble que l'on peut encore remarquer que, si l'intervention de la tierce personne a incontestablement servi à l'accomplissement du crime, c'est plutôt à titre de moyen qu'à titre de cause. Et cette observation me paraît encore appuyée par cette autre que l'intention de la personne n'a certainement pas été d'aider à un crime, mais de réaliser un tout autre but. Les éléments matériels et intentionnels de la complicité me paraissent donc

(1) V. Cass., 5 août 1841; Riom, 25 sept. 1841.

absents, et c'est ce qui me décide en faveur de la négative.

4° De la séquestration.

Cette espèce donnera lieu à une simple observation.

La fin de l'article 341, qui, dans sa première partie, définit et punit le crime de séquestration, dispose que « quiconque aura prêté un lieu pour exécuter la détention ou séquestration subira la même peine ».

On s'est demandé comment *in natura rerum*, cet acte pouvait constituer un fait de complicité. Mais une explication fort simple de MM. Chauveau et Hélie, de laquelle nous nous sommes déjà inspiré plus haut, rend parfaitement compte de cette décision en apparence exorbitante du droit commun : « La loi, disent-ils, a vu dans ce prêt « d'un local propre à la détention la fourniture en « quelque sorte d'un instrument nécessaire pour commettre « l'action. » C'est une très-saine appréciation des faits, et qui démontre clairement que l'article 341, loin de déroger au droit commun, n'en fait que la juste application

SECTION DEUXIÈME

Exceptions aux principes.

Les exceptions aux principes généraux de la complicité sont encore assez nombreuses. Les unes sont fondées sur des considérations spéciales, généralement inspirées par l'humanité ou par les exigences de l'ordre public ; les autres présentent ce caractère singulier d'être conformes à la règle de pénalité posée par la science rationnelle: ce retour aux principes est dû à l'influence vraiment irrésistible des faits dans les hypothèses où il se rencontre.

Les premières surtout sont nombreuses. Elles nous occuperont d'abord.

La disposition favorable de l'art. 67, relative au mineur de seize ans reconnu coupable, et coupable d'avoir agi avec discernement, s'explique par une considération d'humanité, corroborée par la pensée que la culpabilité d'un enfant doit être toujours moindre que celle d'un homme fait. Cette disposition est formelle et générale ; si donc un mineur de seize ans est reconnu coupable d'avoir avec discernement coopéré à un crime, à titre de complice, il ne sera pas assimilé à l'auteur, comme l'exigerait l'article 59.

L'art. 100 accorde aux personnes qui, ayant fait partie

de bandes séditieuses, sans y exercer aucune fonction, s'en seront retirées au premier avertissement des autorités, ou qui, même depuis lors, auront été saisies sans résistance hors des lieux de la réunion séditieuse, le bénéfice d'une absolution complète, mitigée seulement, s'il y a lieu, par un renvoi temporaire sous la surveillance de la haute police. C'est encore une exception à la règle d'assimilation. Elle se justifie par un double motif de justice et d'utilité : tenant compte de l'entraînement passif qui s'empare de la foule en présence d'une émeute, elle favorise aussi l'obéissance à l'autorité chargée de réprimer la sédition. L'art. 213 dans une espèce analogue renferme la même décision.

Les art. 102 et suivants faisaient, avant la loi du 17 mai 1819 qui les a abrogés, une autre exception capitale aux règles de la complicité ; l'art. 60 la signalait lui-même. Après avoir défini les caractères de ceux que, à titre de complices, il faisait tomber sous le coup de l'art. 59, il ajoutait en effet « sans préjudice des peines qui seront spécia-
« lement portées par le présent Code contre les auteurs de
« complots ou de provocations attentatoires à la sûreté
« intérieure ou extérieure de l'État, même dans le cas où
« le crime qui était l'objet des conspirateurs ou des pro-
« vocateurs n'aurait pas été commis ». C'était déjà proclamer de la manière la plus nette une dérogation à ce principe élémentaire qu'il n'y a pas de complicité là où il n'y a pas eu réellement acte criminel. L'article 103 au-

quel se rapportait l'art. 60 disposait en effet que les auteurs de provocations attentatoires à la sûreté de l'État seraient punis même dans le cas où les provocations auraient été sans résultat. On peut, il est vrai, remarquer que l'exception était plus apparente que réelle ; car on pouvait considérer la loi comme ayant voulu punir le seul fait de la provocation constituant à ses yeux un délit principal. Mais les articles suivants allèrent bien plus loin dans la voie des dispositions exceptionnelles ; ils punissaient la simple non-révélation des complots comme un fait de complicité, et la frappaient d'une peine différente de celle du fait principal, double dérogation aux principes reçus par le Code.

Aujourd'hui que ces dispositions sont abrogées, il n'y a plus d'intérêt pratique à les commenter ; si nous les avons pourtant rapportées, c'est que, à raison de leur caractère exorbitant, elles présentent un certain intérêt historique. La loi du 17 mai 1819 qui les a effacées a pourtant dans ses art. 2, 3 et 6 reproduit l'exception au principe rationnel qu'une provocation sans résultat ne peut être l'objet d'aucune répression pénale. Elle peut, au reste, se justifier comme nous l'avons indiqué plus haut.

L'art. 108 qui subsiste seul de tous les numéros composant sa section, l'article 138 et l'art. 144, tous trois inspirés par la même idée d'utilité, dans le but de sauvegarder autant que possible l'ordre public et de prévenir les crimes qui peuvent gravement le troubler sans remède possible, accordent aux complices révélateurs des crimes de complot, fausse monnaie, et contrefaçon des sceaux de l'État, le bénéfice d'une entière absolution, pouvant encore toutefois être mitigée par quelques années de surveillance. Les art. 284, 285 et 288 font l'application de la même idée. Ils abaissent au degré de simple police la peine de ceux qui, ayant coopéré aux délits commis par voie d'écrits ou images distribués sans nom d'auteur ou imprimeur, ont fait connaître l'auteur ou l'imprimeur.

L'art. 114 établit une dérogation inverse aux principes. Il prévoit le cas d'un complice seul condamné, par suite de l'absolution de l'auteur. C'est dans l'espèce où un fonctionnaire a, par ordre d'un supérieur, commis un excès de pouvoir attentatoire à la liberté ou au droit des citoyens ; son supérieur, qui aux termes de l'art. 60 n'est que son complice, est seul puni. C'est pour sauvegarder le principe d'obéissance et d'autorité. On peut dire encore que le subordonné n'a été qu'un instrument à l'égard du supérieur. L'art. 190 dans l'espèce d'abus d'autorité contre la chose publique donne une décision analogue inspirée par les mêmes motifs.

Enfin, la comparaison des articles 241 et 245 conduit à remarquer une nouvelle dérogation à la règle d'assimilation du complice et de l'auteur ; la personne qui a favorisé l'évasion d'un détenu est en effet dans certains cas, et peut être dans d'autres, punie d'une peine plus forte que le prisonnier qui s'est évadé. Il y a dans la loi un sentiment de commisération pour ce dernier, qui est effectivement moins coupable que son complice; car celui-ci n'était certainement pas dominé par un mobile aussi puissant.

Dans le même sens que les précédents, l'art. 337, comme nous l'avons déjà constaté, punit plus sévèrement le complice de la femme adultère que la femme adultère elle-même. C'est que, lui aussi, est généralement plus coupable; le plus souvent, il aura joué le rôle de séducteur, et dès lors, au point de vue des principes purs, il a assumé, outre la responsabilité d'un complice, celle d'un provocateur, c'est à-dire d'un auteur intellectuel. C'est non-seulement une exception à l'art. 59, mais aussi une contradiction de l'art. 60 qui ne fait du provocateur qu'un simple complice. Elle s'explique par l'autorité des faits, irrésistible quelquefois, comme ici. Nous avons eu et nous aurons encore l'occasion de faire la même remarque.

Telles sont les principales exceptions de la première espèce. Si parfois elles indiquent un abandon complet ou même le renversement de la règle, elles se justifient toujours par un motif sérieux et pratique.

Nous arrivons maintenant à une seconde série d'exceptions, relatives à la règle d'assimilation, et qui ne sont qu'un retour aux principes de pénalité posés par la science rationnelle.

L'article 268 est un excellent exemple à donner. Toute association contre les personnes ou contre la propriété est un crime; mais, dans une société pareille, il y a évidemment des rôles principaux et des rôles accessoires; il y a des chefs et des subalternes. En présence d'une hypothèse rendant si heureusement compte des faits constitutifs de la complicité, le législateur s'est trouvé dominé par la puissance irrésistible de la vérité. Il a donc reconnu une perversité plus grande, une action plus décisive, une responsabilité plus étendue, chez ceux qui sont les chefs de l'intreprise; il s'est rendu au caractère accessoire et purement auxiliaire des complices : il a conclu, enfin, à une différence entre la pénalité applicable aux premiers et celle applicable aux seconds. En conséquence, les chefs, les auteurs, subissent la peine des travaux forcés à temps; les subalternes, les complices, ne subissent que celle de la réclusion.

La seule explication à donner de cette disposition est celle que nous avons fournie. Elle est la meilleure et la plus juste critique du système établi par le Code lui-même. L'hypothèse suivante est l'occasion d'une dérogation bien plus radicale encore, inspirée évidemment par le même esprit et imposée par la même nécessité.

Les associations, de quelque nature qu'elles soient, composées de plus de vingt membres, et les réunions publiques, périodiques et politiques ou religieuses de plus de vingt membres, ne peuvent se former sans autorisation du gouvernement. Cette prohibition résulte des art. 291 à 294 du Code pénal, combinés avec une loi du 10 avril

1834 et un décret du 25 mars 1852, modifié lui-même par la loi du 10 juin 1868. Si donc une réunion se forme contrairement à cette règle, elle est en contravention à la loi, et chaque membre est évidemment complice de la contravention. Aux termes de l'art. 59, chacun d'eux devrait encourir une même peine ; et cependant, d'après l'art. 292, les chefs seuls sont punis d'une amende de seize francs à deux cents francs. Mais ce n'est pas tout, si l'un des membres de la réunion s'est livré à des provocations coupables dirigées contre l'ordre public, les chefs de l'assemblée en répondent seuls comme complices, et l'auteur de la provocation est frappé spécialement d'une peine supérieure à celle de ces derniers.

En présence de ces dispositions, le même dilemme se présente toujours, avec la même force et la même portée critique.

Cependant, peut-être pourrait-on dans ces différents cas trouver une explication justificative des décisions auxquelles ils ont donné lieu. Nous savons en effet qu'aux termes mêmes du Code pénal, il n'y a de complices que ceux qui ont été déclarés tels. Or, s'il est vrai, à prendre les faits dans leur réalité naturelle, que les délinquants dont nous venons de nous occuper soient unis entre eux par le lien de la complicité, tel qu'il a été défini par l'art. 60, il ne faut pas oublier que cet article fondamental ne prétend pas établir une règle aussi générale que caractéristique. L'art. 60 s'incline en effet devant l'autorité des décisions spéciales. Dès lors, on peut remarquer que, dans nos espèces, la loi ne s'est pas servi de l'expression complices pour caractériser les coupables, et l'on peut dire qu'elle a entendu les considérer comme auteurs de délits déterminés. Il y aurait donc dérogation à l'art. 60 et non pas à l'art. 59.

Mais, quelle que soit la valeur d'une semblable explication, elle n'en laisse pas moins subsister, quant au fond, ce fait incontestable, que dans certains cas, la loi, reconnaissant l'impossibilité d'appliquer sa règle fondamentale, a dû, par un moyen ou par un autre, y déroger.

CHAPITRE IV

DU RECEL.

Dans toutes les législations que nous avons successivement passées en revue, le recel est puni comme un fait de complicité. Le Code Napoléon est tombé dans la même erreur, dominé par les mêmes motifs et trompé par les mêmes apparences. La matière est traitée dans trois articles, placés à la suite des deux dispositions fondamentales que nous venons d'étudier. Nous les analyserons successivement en trois sections ; la première relative au recel des personnes ; la seconde, au recel des choses ; et la troisième, à la pénalité du recel.

SECTION PREMIÈRE

Recel des personnes.

L'article 61 définit ce genre spécial de complicité. « Ceux qui, connaissant la conduite criminelle des malfai- « teurs exerçant des brigandages ou des violences contre « la sûreté de l'État, la paix publique, les personnes ou « les propriétés, leur fournissent habituellement loge- « ment, lieu de retraite ou de réunion, seront punis comme « leurs complices. »

Dès la première lecture, deux conditions essentielles apparaissent.

La première est que le recéleur ait connu la conduite criminelle des malfaiteurs qu'il aura reçus. Cette condition est évidemment essentielle à sa culpabilité ; elle est dans l'espèce un des éléments constitutifs de sa responsabilité, et quand même l'article 61 ne l'aurait pas formulée, pourvu toutefois qu'il ne l'eut pas écartée, l'application des règles générales l'exigerait.

La seconde condition qui ressort de l'art. 61 consiste en ce que le logement, lieu de retraite ou de réunion, ait été fourni habituellement. La complicité par recel, dans notre hypothèse, résulte donc essentiellement d'un fait d'habitude, et le fait d'avoir fourni accidentellement asile à un malfaiteur pour le mettre à l'abri des recherches de la justice ne suffit pas pour engager dans la responsabilité du délit ou du crime qu'il a commis. A ces deux conditions expressément exigées par la loi, il faut en ajouter une troisième dictée encore une fois par les principes généraux de la responsabilité. L'art. 64 du Code la formule d'ailleurs, en disant : « Il n'y a ni crime ni délit lorsque « le prévenu était en état de démence au temps de l'action, « ou lorsqu'il a été contraint par une force à laquelle il n'a « pas pu résister. » En d'autres termes, il faut que l'acte constitutif du recel ait été accompli volontairement. Il n'est pas sans intérêt d'appeler l'attention sur une condition aussi simple et aussi évidente, car la violence et la contrainte doivent assez fréquemment se rencontrer dans les circonstances qui nous occupent pour qu'il importe en pratique d'examiner avec soin les faits à ce point de vue.

Pour résumer en une seule définition les caractères du recel des personnes, nous dirons donc que le recéleur est celui qui sciemment, volontairement et habituellement, fournit asile à des malfaiteurs.

On s'est demandé si le recéleur, qui se bornerait à fournir des aliments, se rendrait coupable de fait prévu par l'art. 61. Il faut distinguer. Si, en donnant leur nourriture aux malfaiteurs, il leur ouvre par la même occasion un lieu de retraite ou de réunion, il devient leur complice. Au contraire, il ne l'est pas, si les malfaiteurs ne prennent que leurs repas chez lui, sans s'y retirer ou s'y réunir.

L'art. 61, s'est-on encore demandé, s'applique-t-il non-seulement au maître de la maison où sont reçus les malfaiteurs, mais aussi aux gens placés sous sa dépendance ? Ici encore, il faut distinguer. Si l'asile a été fourni directement par le maître de la maison, les gens placés sous sa dépendance ne peuvent en être responsables ; si au contraire, ce sont les gens de la maison qui, à l'insu du maître, fournissent le logement, le lieu de retraite ou de réunion, ils se rendent seuls coupables de complicité ; si enfin le maître et les domestiques, agissant de concert et aussi librement les uns que les autres, ont ouvert la maison à des criminels dont ils connaissaient tous la conduite, tous ils devront être déclarés complices aux termes de l'art. 61, et punis comme tels.

Le recéleur de l'art. 61 est un complice. Mais de quels faits est-il complice ? La généralité des termes de la loi semble indiquer la volonté d'infliger au recéleur une responsabilité embrassant tous les délits commis par les malfaiteurs recélés. Toutefois, il est évident *a priori* que cette responsabilité ne peut s'étendre à des actes remontant à une date très-ancienne relativement au premier fait de recel, et qu'elle ne comprend pas non plus ceux qui ont été commis longtemps après la cessation du recel. Au moins doit-il exister entre ce dernier fait et le délit du malfaiteur une certaine relation faisant dépendre l'un de l'autre. Or, l'idée de la loi, en cette matière, a été que, s'il n'y avait pas de recéleurs, il n'y aurait pas de voleurs. C'est donc que les premiers sont considérés par elle comme prêtant secours aux seconds. Dès lors, nous dirons que tous les délits qui, d'une manière quelconque, auront été facilités par le recel engageront la responsabilité du recéleur (1). Peu importera d'ailleurs que celui-ci ait eu connaissance ou non de l'existence ou de la nature de ces délits ; il en subira toujours la peine.

Mais, à propos de l'art. 59, nous avons reconnu que le prévenu de complicité n'est punissable que si l'existence d'un fait criminel a été vérifiée contradictoirement avec lui. Cette condition, toujours nécessaire, devient suffisante pour motiver l'application de l'article 59, lorsque le complice est seul traduit en justice. Appliquerons-nous cette décision générale au complice par recel, ou bien faudra-t-il exiger en outre que les personnes qu'il a recélées soient individuellement connues et désignées ?

Un arrêt de la Cour de cassation, en date du 9 juillet 1841, a déclaré qu'une imputation de complicité par recel, sans désignation des malfaiteurs recélés, manquait de base légale, et a en conséquence cassé un arrêt de la Cour d'assises de l'Eure. Cette décision s'appuyait sur ce que l'art. 61 n'est applicable qu'autant que les malfaiteurs

(1) Chauveau et Hélie, Le Sellyer, Ortolan. — *Contrà* : Carnot.

« ont été révélés à la justice et déclarés passibles des « peines établies par les lois pour les crimes et les délits « dont ils sont reconnus coupables. » Elle paraît d'autant plus juste que la qualité des personnes reçues par l'accusé est capitale pour l'appréciation de sa culpabilité, et que cette qualité ne peut être invoquée que sur l'autorité d'un jugement ou d'un arrêt : il ne doit y avoir de malfaiteurs que ceux qui ont été déclarés tels.

Enfin, n'y aurait-il pas une contradiction inadmissible entre la décision judiciaire qui aurait condamné un complice par recel de malfaiteurs, en supposant la qualité de ces derniers établie, et celle qui acquitterait les personnes auxquelles le premier avait précisément donné asile ?

Si spécieux que soient ces raisonnements, ils ne me semblent pourtant pas décisifs.

La loi a déclaré le recéleur complice ; elle l'a donc fait tomber sous l'application des art. 59 et 60. Il faudrait dès lors un texte pour motiver une exception à la règle générale résultant de ces articles, et ce texte n'existe pas. On ne peut invoquer non plus la nature spéciale de ce mode de complicité ; car, aux termes de l'art. 61, il faut et il suffit que le recéleur, connaissant la conduite criminelle de malfaiteurs exerçant des brigandages ou des violences contre la sûreté de l'État, la paix publique, les personnes ou les propriétés, leur ait fourni habituellement logement, lieu de retraite ou de réunion. Toutes ces conditions seront certes bien remplies, lorsqu'il aura été reconnu que le prévenu a donné habituellement, sciemment et librement asile à des malfaiteurs ayant réellement commis ces brigandages ou ces violences. Qu'importe que la justice n'ait pas découvert les personnes mêmes de ces malfaiteurs, qu'elle ignore même leurs noms, s'il est établi d'ailleurs contradictoirement avec le recéleur qu'ils existent? On ne peut pas dire que la qualité des personnes reçues par l'accusé reste toujours en suspens et n'a pas été régulièrement constatée, puisque la décision qui punira le recéleur reconnaîtra la criminalité de leur conduite. Toutes les parties de l'art. 61 seront successivement l'objet de l'information et des débats, et il ne sera nullement nécessaire aux juges pour acquérir une certitude sur tous ces points que toutes les personnes en jeu soient personnellement connues par des poursuites antérieures ou concomitantes. Enfin, dans ces circonstances on ne peut arguer d'aucune contradiction possible avec des arrêts postérieurs s'appliquant aux personnes recueillies ; le principe nécessaire de l'autorité de la chose jugée suffirait à répondre à cette critique.

Il faut aussi remarquer avec M. Blanche que l'opinion contraire amène à un déplorable résultat : elle excite le recéleur à ne pas venir en aide à la justice et à taire le nom des malfaiteurs ; en sorte que la loi traiterait plus durement le complice repentant et révélant tous les faits que le complice endurci calculant une prudente réserve à l'égard des juges.

Quant à l'arrêt de la Cour de cassation, sa date peut l'expliquer. Au moment où il a été rendu, la Cour hésitait encore sur la question générale que nous avons résolue à propos de la complicité, celle des conditions d'application de l'art. 59. Depuis que la jurisprudence s'est fixée sur ce point, il est permis de croire que, la question spéciale qui vient de nous occuper se posant de nouveau devant elle, serait tranchée conformément à la décision que nous avons adoptée.

Il reste enfin une dernière explication à donner sur l'article 61. Lorsque la loi, dans cet article, parle de malfaiteurs exerçant des brigandages ou des violences contre la sûreté de l'État, la paix publique, les personnes ou les propriétés, elle entend désigner toute espèce de malfaiteurs agissant seuls ou de concert avec d'autres. La généralité de ses termes ne peut laisser aucun doute sur sa pensée. Au reste, s'il en existait, le rapport présenté au Corps législatif à l'appui du projet n'en laisserait subsister aucun (1).

Cette remarque faite, nous connaissons complétement le sens de l'art. 61. Pour achever de le caractériser, il est intéressant de le comparer avec trois autres dispositions du Code pénal, relatives toutes trois aussi à des faits de recel, mais qui, à raison de circonstances spéciales, ne rentrent pas dans le cas général que nous venons d'étu-

(1) Locré, XXIX, 275. — *Contrà :* Carnot.

dier. Ces dispositions sont celles des articles 99, 248 et 268. Les faits qu'ils répriment diffèrent du fait général prévu par l'art. 61, à trois points de vue.

Au point de vue de l'objet, ils s'appliquent, le premier, à ceux qui, connaissant le but et le caractère des bandes organisées pour la dévastation et le pillage publics, leur ont sans contrainte, fourni des logements, lieux de réunion ou de retraite ; le second, à ceux qui recèlent ou qui font recéler des personnes qu'ils savaient avoir commis des crimes emportant peine afflictive ; le troisième, à ceux qui sciemment et volontairement fournissent aux bandes organisées contre les personnes ou les propriétés, ou à leurs divisions, logement, retrai e ou lieu de réunion. L'art. 61, au contraire, ne rentre dans aucune de ces hypothèses. Il n'exige pas comme les art. 99 et 268 que les malfaiteurs aient été en bande ; et, d'un autre côté, pour qu'il reçoive son application, il ne suffira pas comme dans les cas prévus par les trois articles, qu'il y ait eu recel accidentel ; il faudra recel habituel.

Au point de vue de la nature des faits, la différence est encore plus remarquable. Les faits réprimés par les articles 99, 248 et 268 constituent en effet des crimes ou des délits spéciaux, tandis que le fait général prévu par l'article 61 est un acte de complicité. Il n'est pas sans intérêt de remarquer cette différence, qui n'est en réalité qu'une contradiction dans la loi. Dans les trois hypothèses spéciales qui nous occupent, elle s'est exactement rendu compte de la nature du fait qu'il s'agissait de réprimer ; elle y a vu un délit ou un crime isolé, ayant son existence propre, lié sans doute à un fait criminel antérieur, mais indépendant de celui-ci au point de vue de la responsabilité des personnes qui s'en étaient rendues coupables. Dans l'hypothèse générale de l'art. 61, au contraire, elle a vu un fait de complicité. Et si l'on se demande la raison de cette différence d'appréciation, on est obligé de reconnaître qu'il n'y en a pas. A prendre les faits dans leur réalité, il n'y a jamais qu'un délit ou un crime nouveau, aggravé peut être par l'habitude qui témoigne d'une plus grande perversité, mais qui, rationnellement, n'établit pas ce lien si étroit et si compliqué dans ses éléments qu'on nomme la complicité. En présence d'une pareille contradiction, qui rend la loi juge d'elle-même, on ne peut s'expliquer son erreur que par cette idée souvent répétée, trop souvent invoquée, que, s'il n'y avait pas de recéleurs, il n'y aurait pas de malfaiteurs.

Enfin, à un dernier point de vue, celui de la peine, il existe une différence qui n'est que la conséquence de la précédente. Les faits spéciaux de recel des art. 99, 248 et 268 sont punis de peines à eux spéciales; le recel de l'art. 61 subit une peine qui varie avec celle du fait principal dont il est considéré comme l'accessoire.

Cette intéressante comparaison achève de caractériser le fait de complicité spéciale défini dans l'art. 61. Il est à remarquer que ce genre de complicité n'avait pas été prévu par le Code pénal de 1791.

SECTION II

Recel des choses.

« Ceux qui sciemment auront recélé, en tout ou en « partie, des choses enlevées, détournées ou obtenues à « l'aide d'un crime ou d'un délit, seront aussi punis « comme complices de ce crime ou délit. »

C'est en ces termes que l'art. 62 détermine le troisième genre de complicité, qui résulte du recel des choses obtenues à l'aide d'un crime ou d'un délit.

Cette variété du recel peut être définie, d'après la loi, le fait d'avoir eu en sa possession volontairement et avec intention criminelle des objets enlevés, détournés ou obtenus à l'aide d'un crime ou d'un délit, sachant qu'ils avaient une provenance criminelle. Le fait matériel, apparent, du recel est donc la possession. Peu importent l'origine et l'époque de cette possession ; qu'elle consiste dans un achat, dans un dépôt ou dans un don, pourvu qu'elle ait été acquise volontairement, en connaissance de cause et avec intention criminelle, elle constitue le fait matériel du recélé. Peu importe aussi que la possession ait été reçue de l'auteur même du crime ou d'un tiers, qu'elle ait été acquise par transmission ou par usurpation. Il est également sans intérêt que le recéleur ait profité de cette possession ou qu'il n en ait tiré aucune utilité. Il faut et il suffit qu'elle ait existé. Mais, d'après notre définition, cette possession doit avoir été reçue volontairement, en connaissance de cause et avec intention criminelle. Il faut insister sur chacune de ces qualités essentielles.

La première, qui ressort des principes généraux, est certaine. Mais, en pratique, à raison de circonstances particulières semblant exclure sa réalisation, elle a donné lieu à une difficulté. On s'est demandé si, à raison des rapports tout particuliers unissant une femme à son mari, la femme pouvait être poursuivie à raison du recélé des objets provenant d'un crime ou d'un délit commis par son mari. Théoriquement, la question ne peut être l'objet d'aucun doute : les termes de l'art. 62 sont généraux, et rien n'exclut leur application à la femme de l'auteur du crime ou du délit. Pratiquement, au contraire, la difficulté existe, et c'est le cas ou jamais d'examiner et de décider avec cette prudence qui nous a paru indispensable dans l'appréciation de la culpabilité du recéleur de l'art. 61. Mais cette difficulté est tout entière une difficulté de fait ; elle est exclusivement du ressort des juges ordinaires et échappe à l'examen de la Cour de cassation, ainsi qu'un arrêt de cette Cour l'a reconnu. C'est encore une raison de plus pour juger avec une extrême prudence.

La seconde condition du recélé c'est la connaissance

de cause. Il faut, aux termes mêmes de l'art. 62, que le recéleur ait connu la provenance criminelle des objets dont il recevait la possession. Mais il est indifférent qu'il n'ait pas exactement su de quel crime ou de quel délit provenaient ces objets. Il faut et il suffit qu'il ait su leur provenance criminelle, pour qu'il soit devenu par leur recélé complice du crime ou délit dont ils sont le produit, et dont il peut ignorer la gravité. Ce principe est certain; il résulte aussi bien de la généralité des termes de l'article 62 que de la disposition exceptionnelle de l'art. 63. Le recéleur pourra donc être parfaitement déclaré complice d'un vol qualifié, par exemple, alors qu'il croyait n'avoir eu affaire qu'à l'auteur d'un vol simple ou d'un abus de confiance. Nous avons déjà eu l'occasion et nous l'aurons encore ici, à propos des circonstances aggravantes, de donner une solution analogue, basée comme celle-ci sur cette idée, que le complice en s'associant à l'auteur entend s'associer à toutes les chances heureuses ou malheureuses du crime. Si une présomption aussi grave peut être considérée comme téméraire, c'est bien certainement à propos d'un fait postérieur à l'accomplissement du fait principal. Mais la loi pénale, plus que toute autre, est souveraine.

A propos de la connaissance de cause, une nouvelle question se présente. A quel moment faut-il que le recéleur ait eu connaissance de l'origine criminelle des objets qu'il a eus entre les mains ? Cette question est assez délicate. Certains auteurs et des plus considérables (1) enseignent que c'est au moment même où les objets sont reçus par le recéleur, que celui-ci doit en connaître la provenance. C'est à ce moment, disent-ils, que le fait se caractérise dans tous ses éléments, et des révélations postérieures ne pourraient modifier la nature du fait primordial essentiel.

On peut opposer à ce système deux objections capitales et décisives.

La première est tirée du texte de l'art. 62. Cette disposition, en effet, ne se borne pas à punir ceux qui *reçoivent* sciemment le produit d'un crime ou d'un délit, mais elle frappe ceux qui le *recèlent* sciemment. Or, le recélé ne consiste pas dans le fait même et dans le fait seul de la réception des objets avec les conditions que nous savons ; il réside vraiment dans la possession de ces objets, volontaire, en connaissance de cause et avec intention criminelle. Dès lors, il n'est nullement nécessaire que tons ces éléments se trouvent réalisés à l'instant même de la réception ; à partir du moment où le dernier d'entre eux sera venu se joindre à ceux qui l'auront précédé, pourvu que ceux-ci aient persisté, il y aura recélé, dans toutes les conditions de la loi.

Mais, en admettant même la définition du recel donnée par la théorie que nous combattons, on arrive à la même

(1) Carnot, Chauveau et Hélie. — *Contrà* : Le Sellyer.

conclusion. Si nous supposons, en effet, une révélation postérieure à la réception de la chose découvrant au dépositaire ou au donataire l'origine de cette chose, que se passe-t-il à cet instant? Le recéleur qui devrait rendre la chose, s'il était honnête, ne la rend pas; l'auteur du crime qui la lui a transmise a toujours l'intention qu'il la garde. Que faut-il dire alors, si ce n'est que, par le fait de la délibération coupable du recéleur, il s'est produit intellectuellement une nouvelle transmission de la chose volée, ce qui suffit à engager sa responsabilité? Et que l'on ne dise pas que nous nous transportons sur un terrain qui n'est pas celui de la loi pénale, dans le domaine des faits moraux qui échappent à toute répression. Ce serait une étrange erreur. Car, en principe, il est faux que la loi pénale n'atteigne pas des faits moraux; elle ne peut même et ne prétend jamais en punir d'autres, à la condition toutefois que ces faits correspondent à un préjudice causé. Or, dans l'espèce, il est clair que le préjudice existe; dès l'instant qu'il a été causé volontairement, une réparation pénale peut être exigée, et nous persistons à dire qu'elle l'est.

Donc, peu importe l'époque à laquelle remonte la connaissance par le recéleur de la provenance criminelle des objets qu'il a possédés.

La troisième condition à laquelle je soumets la possession du recéleur est celle d'intention criminelle chez celui-ci. Cette condition, bien qu'elle ne ressorte d'aucun texte, n'en est pas moins évidemment essentielle. Il est clair, en effet, que la personne qui aura reçu volontairement et sciemment une chose volée, des mains mêmes du voleur, et qui l'aura gardée un certain temps, avec l'intention de la rendre à son véritable propriétaire, n'aura commis aucun fait répréhensible : loin d'avoir encouru un châtiment, elle méritera plutôt une récompense. L'art. 62 ne s'est pas arrêté à cette hypothèse ; autrement, il n'eût pas manqué de signaler ce dernier élément de la culpabilité du recéleur.

Une difficulté pratique s'est présentée dans l'application de l'art. 62. Lorsque le produit du crime ou du délit a été détourné par un tiers au préjudice de l'auteur, y a-t-il eu recélé, ou bien détournement par vol ou abus de confiance ? Il est clair qu'une distinction primordiale est nécessaire. Le tiers possesseur avait-il ou non connaissance de l'origine des objets ? Au second cas, il est certain qu'il n'y a pas eu recélé, puisqu'il manque à la possession du détenteur l'un des caractères essentiels exigés par l'art. 62. Toutefois, suivant les circonstances, le possesseur pourra être coupable d'un vol ou d'un abus de confiance, mais il ne sera jamais complice par recélé; cette solution est évidente. Si, au contraire, l'auteur du détournement a eu connaissance de l'origine criminelle des objets, comme il s'en est constitué possesseur, volontairement, sciemment et avec une intention criminelle, il remplit certainement toutes les conditions du recel, et dès lors il doit en être déclaré coupable. Mais sa responsabilité ne se bornera pas à celle du complice par recel. Car, de deux choses l'une, ou bien il a reçu la chose de l'auteur du crime ou du délit, ou bien il s'en est emparé de son propre mouvement. Au premier cas, le détournement qu'il a commis prend encore le caractère d'un abus de confiance ; au second, comme il a évidemment agi à l'insu ou contre le gré du propriétaire de la chose, il est à cet égard responsable encore à titre de voleur. Donc, dans l'hypothèse où le tiers possesseur a connu la provenance des objets, il s'est rendu coupable tout à la fois de recélé et de détournement par vol ou abus de confiance. Mais, dans ces circonstances, l'art. 365 du Code d'Instruction criminelle nous apprend que la plus forte des deux peines qu'il aura encourues lui sera seule appliquée.

Nous connaissons maintenant le sens complet de l'art. 62. Reste à déterminer quelle est sa portée.

Cet article s'applique au recélé des choses obtenues par le fait d'un crime ou d'un délit quelconque. Il ne se borne pas comme l'art. 3 du Code pénal de 1791, deuxième partie, tit. III, au recélé des objets provenant d'un vol. Le recélé de toute chose obtenue à l'aide d'un crime ou d'un délit, quel qu'il soit, est puni par le Code pénal de 1810 ; sa disposition est générale, absolue, et n'a jamais fait l'objet d'aucun doute. Il faut, cependant, tenir compte des décisions exceptionnellement contraires de la loi. C'est ainsi qu'en matière de banqueroute frauduleuse, l'art. 403

s'en refère au Code de Commerce pour la détermination des cas de complicité, de sorte que le recélé n'est punissable que s'il présente les caractères définis par l'art. 593 du Code de Commerce. Cette dernière disposition exige que le recélé ait été exécuté dans l'intérêt du failli; il ne suffira donc pas qu'un objet détourné à l'aide d'une banqueroute frauduleuse ait été possédé sciemment, volontairement et avec intention criminelle par un tiers, pour que celui-ci puisse être déclaré complice de la banqueroute frauduleuse. La généralité des termes de l'art. 62 ne pourra être invoquée contre lui.

Puisque la question du recélé nous a conduits à parler des art. 403 du Code pénal et 593 du Code de Commerce, nous ferons remarquer qu'il ne faudrait pas, en se fiant à ses expressions, donner au premier de ces articles une portée trop grande. Il semble en effet déroger complétement aux règles générales sur les caractères de la complicité, pour s'en remettre à une disposition toute spéciale. Or, cette dernière n'entend faire exception qu'à l'art. 62, et exprime formellement qu'elle respecte l'art. 60 dans toute sa portée. Cette observation est toute simple, mais elle a son intérêt pratique.

Mais, la part faite aux exceptions formelles, la portée de l'art. 62 est-elle assez grande, pour qu'on puisse l'étendre à ceux qui recèlent sur le territoire français des objets enlevés, détournés et obtenus à l'aide de crimes ou délits, commis en pays étranger? Cette question délicate en apparence est facile à résoudre avec le secours des principes.

Nous savons, en effet, qu'une des conditions essentielles pour la condamnation d'un complice est que l'existence et la criminalité du fait principal aient été reconnues contradictoirement avec lui. Or, pour que cette condition soit remplie, il faut évidemment qu'une information et un débat puissent avoir lieu sur le fait principal par devant la juridiction française. Cette observation posée, la question est résolue.

Si en effet, le crime commis à l'étranger est qualifié tel par la loi française, ou s'il s'agit d'un délit prévu à la fois par la loi française et par la loi étrangère, l'article 62 est applicable. Que si, au contraire, les objets recélés proviennent d'un délit prévu par la loi française, mais non pas par la loi étrangère, il faut, aux termes de l'article 5 de la loi du 27 juin 1866, déclarer que le complice échappe comme l'auteur à toute poursuite.

La solution est bien simple et bien évidente. D'ailleurs, la question n'est au fond qu'une question de compétence, et relativement à la complicité, je dirais volontiers qu'elle intéresse les articles 59 et 63 plutôt que l'article 62.

De toute cette discussion, nous retiendrons donc, sauf les exceptions écrites dans la loi, que l'article 62 s'étend à toute espèce de crimes ou de délits.

Mais, dans un autre sens, il n'est pas moins général. Pour que le recélé existe, il n'est pas en effet nécessaire, l'article le dit lui-même, qu'il se soit appliqué à tous les objets provenants du crime ou du délit; il suffit qu'il en ait compris une partie. Les conséquences de ce fait sont importantes.

Il s'ensuit, d'abord, que plusieurs personnes, ne s'étant même jamais rencontrées, peuvent être concurremment déclarées complices par recel d'un même crime. Il en résulte, conséquence bien autrement intéressante, que la même personne peut se rendre coupable de plusieurs recélés se rattachant à un même crime, et être poursuivie successivement à raison de ces différents actes. Elle pourra même, dans certaines circonstances subir plusieurs condamnations successives comme complice par recel d'un même crime.

Cette observation est la dernière de celles que nous avions à faire sur l'article 62.

Mais il n'est pas sans intérêt de remarquer ici, avant de passer à l'examen de la pénalité, que, de tous les faits postérieurs au crime, considérés par la loi comme coupables, le recel tel qu'il a été défini par les articles 61 et 62 constitue seul à ses yeux un fait de complicité. Ainsi, la non-dénonciation, le recel des instruments du crime ou de ses preuves, le recel du cadavre de la victime, l'aide prêté à l'évasion du coupable détenu ou non détenu, enfin le faux témoignage, étaient ou sont encore punis, comme délits ou crimes spéciaux, de peines spéciales. C'est bien le cas de rappeler ce que nous disions plus haut, en comparant l'article 61 aux articles 99, 248 et 268.

SECTION III.

Peines du recel.

Le recel, dans l'hypothèse de l'article 61 et dans celle de l'article 62, constituant toujours un fait de complicité, par une conséquence nécessaire est soumis à l'application des règles générales qui dérivent de l'article 59.

Donc, en principe, la peine du recéleur sera celle attachée par la loi aux faits principaux dont il est complice. Il est seulement à remarquer dans l'espèce de l'article 62 que, s'étant associé à plusieurs crimes ou délits, le recéleur ne subira la peine que du plus grave d'entre eux.

Une autre règle contenue dans l'art. 59 est que le complice subit toujours la peine du fait principal, qu'il en ait connu ou non les circonstances aggravantes. Comme aucun texte ne s'oppose à l'application de cette règle, nous la ferons encore au recéleur. La Cour de cassation l'a toujours jugé ainsi. Mais nous exigerons, en revanche, comme pour le complice ordinaire, que ces circonstances aggravantes aient été l'objet d'un débat et d'une reconnaissance contradictoire à l'égard de la personne prévenue de complicité par recel; aussi bien, faut-il qu'on établisse de cette manière l'existence et la criminalité du fait principal en lui-même.

En résumé, toutes les conséquences pénales de la complicité que la loi n'a pas écartées par un texte formel sont applicables aux recéleurs des art. 61 et 62.

Mais, ces principes généraux posés, nous nous trouvons précisément en face de deux exceptions capitales, renfermées dans l'art. 63.

Cet article dispose que : « Néanmoins, la peine de mort, « lorsqu'elle sera applicable aux auteurs des crimes, « sera remplacée, à l'égard des recéleurs, par celle des « travaux forcés à perpétuité. — Dans tous les cas, les « peines des travaux forcés à perpétuité ou de la dépor- « tation, lorsqu'il y aura lieu, ne pourront être prononcées « contre les recéleurs qu'autant qu'ils seront convaincus « d'avoir eu, au temps du recélé, connaissance des circon- « stances auxquelles la loi attache les peines de mort, des « travaux forcés à perpétuité et de la déportation ; sinon, « ils ne subiront que la peine des travaux forcés à « temps. »

Donc, première dérogation extrêmement remarquable, le recéleur n'encourt jamais la peine de mort ; lorsqu'il y aura lieu de la lui appliquer d'après les principes, elle sera remplacée par la peine des travaux forcés à perpétuité. Cette faveur tout exceptionnelle a été insérée dans le Code par la loi du 28 avril 1832. Auparavant, sous l'empire de la législation de 1810, la peine de mort était applicable au recéleur, lorsqu'il était convaincu d'avoir eu au temps du recélé connaissance de l'existence des faits auxquels la loi attache cette peine; cette application avait il est vrai un caractère d'exception, mais elle était possible, dans certains cas. L'esprit d'humanité, qui a inspiré la plupart des dispositions de la loi de révision du Code pénal, a détruit cette possibilité par une déclaration formelle qui ne peut laisser aucun doute.

La seconde partie de l'art. 63, qui n'est que l'ancien article 63 modifié en ce qui concernait la peine de mort, établit la seconde dérogation aux règles de l'art. 59. Elle attache en effet une condition essentielle à l'application au recéleur des peines perpétuelles autres que la mort; cette condition est celle de la connaissance par le coupable, au moment même du recélé, des circonstances auxquelles ces peines sont attachées. A défaut de cette vérification contradictoire, le recéleur ne subit que la peine des travaux forcés à temps. La seconde des règles que nous avons rappelées se trouve donc aussi dans deux cas inapplicable.

Au sujet de cette exception, on a adressé au législateur de 1832 un reproche mérité. Parmi les réformes importantes qu'il a apportées au Code pénal, il a notamment complété l'échelle des peines en matière politique par l'introduction d'une nouvelle peine, la détention, placée à un degré au-dessous de la mort et de la déportation, et à un degré au dessus du bannissement et de la dégradation civique. Son but était d'ailleurs de séparer complétement les crimes politiques des autres crimes, d'en faire une catégorie distincte, ayant sa pénalité particulière. Or, l'ancien article 63, dans sa disposition générale, ne s'arrêtait pas à ces distinctions que le Code de 1810 n'avait pas établies; et les trois peines perpétuelles se trouvaient donc remplacées à l'égard du receleur non convaincu de la connaissance spéciale des circonstances aggravantes par celle des travaux forcés à temps. Corrigeant l'art. 63, quant à la peine de mort, mais adoptant d'ailleurs son esprit quant aux deux autres peines perpétuelles, le législateur de 1832 s'est borné à reproduire simplement la seconde partie de cet article, sans s'apercevoir de la confusion qu'il laissait subsister : une peine ordinaire, celle des travaux forcés à temps, restait applicable à un condamné politique. Une révision attentive de l'art. 63 aurait évidemment opposé à la peine politique de la déportation la peine politique de la détention, ne laissant subsister la peine ordinaire des travaux forcés à temps qu'en regard de celle des travaux forcés à perpétuité.

Mais il faut reconnaître que, sans autorité par lui-même, ce reproche laisse subsister tout entière celle de la loi, dont il ne prétend faire que la critique.

En définitive, ce qu'il faut retenir de l'article 63, au point de vue des principes, c'est que, dans certaines circonstances, il punit moins sévèrement le receleur, complice du crime, que l'auteur même du crime. Lorsqu'on cherche à se rendre compte du motif de cette dérogation à la règle si absolue de l'assimilation, on a de la peine à le trouver. Le seul qui apparaisse, et qui, certainement, n'est ni scientifique, ni juridique, est un sentiment d'humanité, qui a fait reculer le législateur devant l'application d'une peine perpétuelle à un complice ignorant peut-être la gravité de son crime. Ce sentiment n'est en réalité qu'une critique profondément juste et du système de l'assimilation et de la présomption qui fait du recéleur un complice. Si l'assimilation de peine est en effet une conséquence juste et nécessaire du lien de complicité, pourquoi reculer devant son application? Et si le recéleur peut être assez étranger au crime dont il est pourtant déclaré le complice pour en ignorer les circonstances essentielles et la criminalité, pourquoi l'en rendre responsable? Il n'est possible à la loi de sauver les principes qu'en avouant une contradiction. Ce n'est pas la première fois que nous avons l'occasion de faire cette remarque.

Il ne nous reste plus, pour avoir terminé l'étude de cette matière, qu'à préciser la portée exceptionnelle de l'art. 63. Lorsque, dans une forme de langage absolue, il distingue si le recéleur a eu ou n'a pas eu connaissance des circonstances auxquelles la loi attache l'une des peines perpétuelles, il n'entend parler toutefois que des circonstances étrangères au complice, produisant par elles-mêmes cet effet et non pas de celles qui, combinées avec des faits propres au recéleur, entraîneraient pour lui ces graves conséquences. La question se présentait sous l'empire de l'ancien article 56 du Code pénal. Cet article disposait en effet que la peine des travaux forcés à temps, en cas de récidive, devait être remplacée par celle des travaux forcés à perpétuité. On se demandait dès lors si le recéleur récidiviste, complice d'un crime emportant la peine des travaux forcés à temps, pouvait invoquer l'art. 63 pour éviter l'aggravation de peine édictée par l'art. 56, en démontrant qu'il n'avait pas eu connaissance des faits rendant l'auteur principal passible de la peine des travaux forcés à temps La jurisprudence répondait avec raison à cette apparente difficulté, en déclarant que, si le recéleur encourait dans ces circonstances une peine perpétuelle, c'était bien par son fait, à raison de son état de récidive, et non par suite des circonstances inhérentes au crime, les seules que l'art. 63 eut jamais visées.

La question ne se présente plus depuis la révision de 1832 ; mais il y avait intérêt à la traiter pour bien déterminer les limites dans lesquelles l'art. 63 prétend agir. D'ailleurs, une disposition nouvelle insérée plus tard dans le Code pourrait donner lieu à l'application de cette remarque.

C'est ici que se borneront nos observations pratiques sur la matière de la complicité, telle qu'elle a été traitée par le Code pénal. Plus d'une fois, dans le cours de cette étude, nous avons eu l'occasion de signaler les imperfections encore nombreuses de la loi qui nous régit actuellement. L'époque à laquelle remonte notre Code peut rendre compte de la plupart de ces erreurs. Depuis lors, bien des principes, encore à peine formulés, se sont dégagés et se sont affirmés. Il nous a donc paru intéressant de comparer la législation relativement ancienne de la France avec celles plus récentes qui sont actuellement en vigueur dans les principaux États de l'Europe civilisée. Cette comparaison, qui fera l'objet d'un appendice, nous permettra de formuler une conclusion pratique à la fin de ce travail commencé sous les auspices de la théorie pure.

APPENDICE

Les éléments de comparaison que nous avons adoptés sont : la Loi criminelle Anglaise, le Code pénal Prussien, le Code pénal Italien et le Code pénal Belge.

1°. — *Loi Anglaise.*

Bien qu'il soit difficile de lui assigner une date et qu'elle soit plutôt l'œuvre de la tradition que celle d'une volonté réfléchie, la Loi Anglaise est intéressante à opposer dans ses principes à la Loi Française, parce qu'elle a une origine historique toute différente, et qu'elle a été notamment isolée de toute influence romaine.

Dans son système, les divers participants à un délit sont divisés en deux classes.

Ceux de la première classe sont les *agents principaux*, subdivisés eux-mêmes en agents principaux *du premier degré* et agents principaux *du second degré*. Les premiers sont ceux qui ont personnellement exécuté le crime ; les seconds sont ceux qui ont participé au crime actuellement à son exécution, mais sans l'exécuter eux-mêmes.

Les participants de la seconde classe sont les *agents accessoires*. Ce sont ceux qui ont aidé au crime autrement que par une participation actuelle à son exécution. Cette participation, aux yeux de la loi anglaise, peut être antérieure ou postérieure à l'action criminelle ; d'où la subdivision en *agents accessoires avant le fait*, et *agents accessoires après le fait*.

La participation est antérieure à l'exécution, lorsqu'elle consiste dans un conseil ou un ordre donné à l'auteur principal. Elle entraîne la responsabilité du crime prévu avec toutes les aggravations dérivant de son exécution, sans avoir égard au changement des moyens convenus.

La participation est postérieure au fait, quand, connaissant le crime commis, on reçoit, secourt et protége dans sa culpabilité, celui que l'on sait être l'auteur du crime. Cet acte de complicité est sans excuse pour les plus proches parents eux-mêmes.

Tels sont les caractères distinctifs des différents participants à un crime. Quant à la peine, elle est la même pour les agents principaux des deux degrés ; avec cette différence, toutefois, qui est assez remarquable, et qui consiste en ce que, si la peine est la mort, et si, infligée par la loi écrite, elle est appliquée en propres termes aux auteurs de l'infraction et non pas à l'infraction elle-même, l'agent principal du second degré en sera exempt et subira une peine moindre.

Le principe d'assimilation est appliqué aux agents accessoires avant le fait. Mais les agents accessoires après le fait y échappent et bénéficient d'une moindre sévérité.

Ce système part d'une idée juste, et il est supérieur au système français, lorsqu'il cherche à établir des distinctions entre les différents agents d'un même crime. Mais, dans l'application de cette idée, il commet des erreurs. C'est ainsi que tout fait de complicité matérielle ou actuelle à l'exécution est considéré comme fait principal, tandis que tout fait de complicité morale pure est qualifié d'accessoire. Il y a là un oubli complet de la valeur réelle de ces différents actes. En ce point, le système anglais ne vaut donc guère mieux que le nôtre.

Il est aussi moins logique, lorsqu'il s'arrête aux aggravations matérielles du fait principal, et ne va pas jusqu'aux aggravations résultant des qualités de l'auteur principal, pour en infliger à l'agent accessoire les conséquences pénales. Sur la question du recel des coupables, il est plus rigoureux et plus injuste que le système français : il commet en effet la même erreur que lui, en associant à la responsabilité du crime les auteurs d'actes postérieurs, et la rigueur avec laquelle il étend le recel à tout secours accordé à l'auteur en vue de le protéger contre les conséquences de sa culpabilité, le rend plus injuste.

Mais, sur le terrain de la pénalité, l'idée mère de la distinction rend au système anglais une supériorité incontestable sur le nôtre. Cette idée le conduit, en effet, et elle devait le faire presque infailliblement, à graduer la peine applicable aux différents agents, suivant l'importance de leur participation. C'est ainsi que la peine de mort est rarement appliquée à l'agent principal de second degré, et que l'agent accessoire de la seconde espèce est toujours frappé d'une peine réduite. Et cependant la vieille tradition gothique les enveloppait tous dans la même pénalité. Ce fait intéressant démontre bien éloquemment quelle est l'influence des principes sur le développement des institutions. Si le droit français, beaucoup plus savant et beaucoup plus étudié que le droit anglais, n'est pas encore arrivé à cette solution, la seule juste et la seule vraie du problème pénal de la complicité, c'est parce qu'il est basé sur le principe contraire à celui de la distinction, sur le principe de l'assimilation, qui lui a été transmis par le droit romain.

2° — *Code pénal Prussien.*

Ce Code, rendu exécutoire le 1er juillet 1851, consacre à la matière de la *participation à un crime ou à un délit* les paragraphes 34 à 39 de sa première partie, titre III. Ces dispositions ont été modifiées par une loi du 30 mars 1859.

Elles distinguent d'abord l'*Auteur* et les *Participants*. L'Auteur est celui qui a exécuté matériellement le crime ou le délit. Le Participant est, aux termes du § 34,

1° « celui qui, par dons ou promesses, par menaces, par « abus d'autorité ou de pouvoir, par machinations ou « artifices coupables, *ou par d'autres moyens,* a provo- « qué, persuadé ou déterminé l'agent à commettre le « crime ou le délit ; 2° celui qui a donné à l'agent des « instructions pour commettre le crime ou le délit ; celui « qui a procuré des armes, des instruments ou *d'autres* « *moyens* qui ont servi à l'action, sachant qu'ils devaient « y servir ; celui qui, avec connaissance, a aidé ou assisté « l'agent dans les faits qui ont préparé, facilité ou con- « sommé l'action. »

Le Participant est encore aux termes du § 36, « celui « qui, soit par des discours tenus dans des lieux ou réu- « nions publics, soit par des écrits, des images ou des « figures, qui ont été vendus, distribués, colportés, expo- « sés ou affichés en public, excite, provoque, persuade ou « cherche à déterminer une personne à commettre une « action qualifiée crime ou délit,.... si la provocation a « été suivie de l'exécution ou de la tentative punissable « du crime ou du délit. »

Cette participation peut être *essentielle* ou *non essentielle,* d'où il faut conclure à l'existence de deux classes correspondantes de participants. Elle est toujours considérée comme essentielle dans les cas du 1° du § 34, et dans les hypothèses prévues par le § 36. Il n'est permis au juge d'apprécier son importance que dans les cas du 2° du § 34.

Les faits postérieurs au crime, tels que le secours prêté

sciemment à l'agent, soit pour le soustraire à la peine, soit pour lui assurer le bénéfice du crime ou du délit, ne sont pas en principe des actes de complicité. Le § 37 qualifie de *Fauteurs* (Begunstiger) ceux auxquels ils sont imputables. « Mais si ces secours ont été prêtés par suite d'un concert « formé avant l'action, le *fauteur* est puni comme participant par aide ou assistance. » (§ 38). Cette disposition est applicable, même quand le *fauteur* est parent, c'est-à-dire, ascendant ou descendant, frère ou sœur, ou conjoint, de l'agent.

La pénalité applicable à ces différents coupables varie avec leur qualité.

Le participant de la première espèce est puni de la même peine que l'auteur. Le participant de la seconde espèce est toujours exempté des peines perpétuelles ; et, relativement aux autres peines, il peut bénéficier d'un abaissement ou d'une modification avantageuse, abandonnés à la prudence du juge (§ 35). Enfin, le fauteur est frappé d'un châtiment spécial.

Pour achever de résumer les dispositions groupées par la loi prussienne sous le titre de la complicité, nous citerons encore le § 39 qui punit comme délit spécial d'une peine particulière la non-révélation des complots attentatoires à la sécurité de l'État ou à celle des personnes. Ce paragraphe, qui est la reproduction de l'ancien art. 103 du Code pénal français, fait, quant à la pénalité, une juste application des principes.

Sur le terrain de la complicité proprement dite, la comparaison entre la loi française et la loi prussienne n'est pas à l'avantage de la première. *A priori,* la distinction établie par le Code prussien entre les Auteurs et les Participants ne semble guère plus sérieuse que celle établie par notre loi entre les auteurs et les complices ; et, à considérer la loi prussienne uniquement dans la forme dont elle est revêtue, on est même conduit à remarquer qu'elle est loin d'être heureuse. Mais, une fois dégagée de l'obscurité de son expression, la pensée du législateur apparaît exacte et précise.

Le premier alinéa du § 34 et le § 36 définissent exactement l'auteur intellectuel, et d'une manière autrement complète que le § 1er de notre art. 60, dont les termes limitatifs ne se prêtent nullement aux variétés infinies de forme que peut affecter la participation morale. Le § 34 du Code prussien prend en effet le soin d'ajouter à une énumération de procédés donnée à titre d'exemple les mots *: ou par d'autres moyens,* qui permettent d'atteindre toute espèce de participant, quelle que soit l'apparence qu'il ait prise. Il faut également reconnaître la prudence avec laquelle la subdivision en participants essentiels et participants non essentiels se présente. Elle est avec raison écartée du premier alinéa du § 34 et du § 36, quidéfinissent l'auteur intellectuel, et elle s'applique seulement aux participants du deuxième alinéa du § 34, que la science rationnelle considère en général comme simples auxiliaires, mais auxquels elle attribue la qualité d'agent principal, dans le cas où leur participation a pris un caractère si important qu'il ne paraît pas que le crime ait pu s'accomplir sans eux.

Mieux avisée que la loi anglaise et que la nôtre, la loi prussienne se refuse en général à voir dans les faits postérieurs au crime des actes de complicité. Elle ne punit le recel à ce titre, que dans l'hypothèse exceptionnelle où un concert antérieur à l'action en fait réellement une participation par aide ou assistance.

Les dispositions relatives à la pénalité ne sont pas moins exactes dans leur principe, et présentent plus d'ensemble et d'unité que le système anglais. C'est que nous sommes en présence d'une législation plus pure de l'influence des traditions anciennes, formée par la philosophie du peuple allemand, et, dans ses grandes lignes du moins, très-voisine déjà du droit rationnel.

On doit cependant critiquer la distinction entre l'auteur et le participant de la première espèce, qui rend l'auteur intellectuel accessoire de l'auteur matériel. Il faut dire aussi que le Code prussien en général, et par cela même peut-être qu'il cherche à se rapprocher davantage du droit rationnel, n'évite pas un danger, celui des définitions vagues, dont le sens est abandonné à l'arbitraire du juge. C'est là le vice principal de ce système, et il faut reconnaître que ce n'est pas celui de la législation française. Enfin, si l'idée qui préside à la distribution de la peine entre les différents complices est juste, elle n'a pas été appliquée d'une manière assez précise ; là encore, il y a en général trop d'arbitraire laissé au juge, et l'on ne trouve pas dans la peine des complices la graduation que l'on se plairait à voir correspondre à celle qui existe dans leur responsabilité. A ce point de vue, la loi française est du moins plus logique.

3° *Code pénal Italien.*

Le Code pénal Italien, actuellement en vigueur, a été voté en 1859. Il a été rendu exécutoire en 1861 dans toute l'étendue du royaume, en subissant toutefois certaines modifications pour les provinces napolitaines. Nous ne nous occuperons pas de ces dernières, qui sont évidemment étrangères à la théorie générale et à l'économie du Code Italien.

La distinction fondamentale des agents principaux et des complices apparaît dès l'intitulé du chapitre qui traite notre matière. Les art. 102 et 103 donnent successivement la définition de ces deux classes de participants.

« Sont agents principaux, 1° ceux qui ont donné mandat pour commettre un crime, un délit ou une contravention ; 2° ceux qui, par dons, promesses, menaces, abus d'autorité ou de pouvoir, ou par artifices coupables, ont entraîné quelqu'un à commettre une de ces infractions ; 3° ceux qui ont participé immédiatement et par

« leur fait à l'exécution du crime, du délit ou de la con-
« travention, ou qui, dans l'acte même d'exécution, ont
« efficacement prêté une aide pour en procurer la con-
« sommation. »

« Sont complices, 1° ceux qui ont provoqué à une in-
« fraction ou qui ont donné des instructions ou des direc-
« tions pour le commettre ; 2° ceux qui ont procuré des
« armes, des instruments ou tout autre moyen qui ait
« servi à commettre l'infraction, sachant qu'ils devaient
« y servir ; 3° ceux qui, sans participer immédiatement à
« l'exécution du crime, du délit ou de la contravention,
« ont, avec connaissance, aidé ou assisté l'auteur ou les
« auteurs de l'infraction dans les faits qui l'ont préparée
« ou facilitée ou dans ceux qui l'ont consommée. »

L'art. 104 détermine la peine de la manière suivante :
« Les agents principaux sont punis de la même peine que
« l'auteur de l'infraction.

« Les complices seront punis comme les auteurs de l'in-
« fraction, quand leur coopération sera telle que, sans
« elle, l'infraction n'eût pas été commise. Dans les autres
« cas, la peine encourue par les complices sera diminuée
« d'un à trois degrés suivant les circonstances. »

Enfin, l'art. 105 ajoute à ce système la disposition gé-
nérale qui suit : « Les circonstances et les qualités, soit
« permanentes, soit accidentelles, inhérentes à la per-
« sonne, et qui excluent l'application de la peine ou qui
« la font diminuer ou augmenter, par rapport à l'un des

« auteurs, agents principaux ou complices, sont sans in-
« fluence pour exclure, diminuer ou augmenter les peines
« relativement aux autres auteurs, agents principaux ou
« complices de la même infraction. »

La rédaction de ces articles rappelle en plus d'un endroit celle de notre loi française, et l'on ne peut s'empêcher d'un mouvement d'orgueil national, en présence de ces emprunts manifestement faits à l'heureuse précision de notre langage analytique. Mais, d'un autre côté, il faut reconnaître au législateur italien le mérite qu'il a eu de s'arrêter dans cette voie d'imitation.

La division en agents principaux et complices est celle de la science rationnelle, et les définitions correspondantes joignent à l'avantage de la précision celui d'être complètes. On a peine cependant à comprendre la différence que la loi prétend faire, entre ceux qui ont donné mandat pour commettre l'action, ou qui ont entraîné par des moyens déterminés à la commettre, et ceux qui ont simplement provoqué à l'infraction. De deux choses l'une, en effet, ou la provocation simple a produit un résultat, ou elle n'en a produit aucun ; au premier cas, nous sommes dans l'hypothèse de l'auteur intellectuel, et non pas dans celle du complice : au second cas, nous sommes en présence d'un acte moral coupable mais qui, à raison de son efficacité, échappe à toute sanction pénale. Je suis porté à croire qu'il faut attribuer l'introduction du mot *provoqué* dans le premier alinéa de l'art. 103 à une copie inattentive de notre art. 60. Quoi qu'il en soit, l'erreur me semble manifeste.

La disposition de la fin du dernier alinéa de l'art 102 me paraît aussi exagérée. En considérant comme agents principaux ceux qui, dans l'acte même d'exécution « ont « efficacement prêté une aide pour en procurer la consom- « mation », elle donne à tous les faits d'assistance, qui se produisent dans l'exécution même du crime, une impor tance qu'ils peuvent parfaitement ne pas avoir. C'est sans doute un emprunt à la jurisprudence généralement suivie en France sur la détermination de la qualité d'auteur. Au reste, la loi italienne se juge elle-même sur ce point, lersque, dans son art. 104, elle exige pour l'assimilation du complice ordinaire à l'agent principal que sa coopération ait été « telle que sans elle l'infraction n'eut pas été commise ». C'est précisément la distinction qu'elle aurait dû faire pour les actes concomitants à l'exécution. Enfin, c'est un souvenir, bien respectable peut-être, mais fort inutile, qui a dicté le premier alinéa de l'art. 102. On est tout étonné de rencontrer encore ces formes et ces expressions primitives dans un système de législation qui peut à juste titre se piquer d'être rationnel.

D'ailleurs, la détermination de la peine est satisfaisante. Elle tient compte des variétés qui peuvent se présenter dans la culpabilité d'un complice et particulièrement de ces cas limites où l'accessoire confine si étroitement au principal; elle laisse encore au juge une latitude suffisante pour qu'il puisse aussi bien que possible rendre à chacun selon ses œuvres. Les vœux de la science rationnelle sont donc ici réalisés.

Enfin, l'art. 105 a tranché une controverse qui divise chez nous non-seulement les théoriciens, mais aussi les commentateurs du droit positif. La solution qu'il donne a certainement l'avantage de la netteté ; mais ce n'est pas celle que nous adopterions en législation.

En résumé, la loi italienne est supérieure à la loi française, et par ses principes et par ses dispositions. En admettant qu'elle se soit inspirée de la nôtre, il faut reconnaître qu'au moins elle y a apporté de nombreux et importants perfectionnements.

4° *Code pénal Belge.*

Cette dernière comparaison sera la plus intéressante de toutes. Les trois systèmes de législation que nous avons étudiés jusqu'ici ont chacun une origine différente. Ils sont, sauf le code italien, qui s'est du reste borné à reproduire les termes heureux de nos définitions, étrangers dans leurs principes à notre Code pénal. En Belgique, au contraire, les lois Françaises ont été longtemps et sont encore, en grande partie, souveraines. Notre Code pénal, en particulier, a été jusqu'à ces derniers temps la loi criminelle de ce pays, et c'est en 1867 seulement qu'une loi spéciale est venue lui apporter de nombreuses modifications et de grands perfectionnements. La Belgique a donc démontré la possibilité d'une réforme : elle a sur ce point donné l'exemple à la France. Nous allons voir s'il mérite d'être suivi.

Comme les lois Anglaises, Prussiennes et Italiennes, la loi Belge suit le système rationnel de la distinction.

Dans son art. 66, elle qualifie d'auteurs : 1° ceux qui auront exécuté le délit ou qui auront coopéré directement à son exécution ; 2° ceux qui par un fait quelconque auront prêté pour l'exécution une aide telle que, sans leur assistance, le crime ou le délit n'eut pas été commis ; 3° ceux qui, par dons promesses, menaces, abus d'autorité ou de pouvoir, machinations ou artifices coupables, auront directement provoqué à ce crime où à ce délit ; 4° ceux qui, par des discours tenus dans des réunions ou lieux publics, soit par des placards affichés, soit par des écrits imprimés ou non et vendus ou distribués, auront provoqué directement à les commettre.

Les art. 67, 68 et 69 qualifient de complices : 1° ceux qui auront donné des instructions pour commettre le crime ou le délit ; 2° ceux qui auront procuré des armes, des instruments ou tout autre moyen qui aura servi à l'action, sachant qu'ils devaient y servir ; 3° ceux qui, hors le troisième cas de l'art. 66, auront avec connaissance, aidé ou assisté l'auteur de l'action dans les faits qui l'auront préparée ou facilitée ou dans ceux qui l'auront consommée ; 4° ceux qui, connaissant la conduite criminelle des malfaiteurs exerçant des brigandages ou des violences contre la sûreté de l'État, la paix publique, les personnes ou les propriétés, leur ont fourni habituellement logement lieu de retraite ou de réunion.

Quant au recel des objets provenant d'un crime, c'est un délit distinct, prévu par les art. 505 et 507 de la partie spéciale du Code.

Ce système, plus parfait encore que celui du Code italien, nous conduit bien loin du Code pénal français, auquel il a pourtant succédé. La définition des agents principaux est aussi complète que possible. Plus exacte que celle du Code italien, elle comprend tous les cas de provocation, et a encore le mérite de déterminer clairement les conditions qui font de cet acte un acte d'auteur ; elle évite ainsi le danger de l'arbitraire. L'art. 66 répond donc aussi heureusement que possible à la définition de la science rationnelle.

La détermination des cas de complicité donne seule matière à critique. La loi Belge s'est en effet encore laissé entraîner par la vieille maxime que, s'il n'y avait pas de recéleurs, il n'y aurait pas de malfaiteurs. En réalité, comme la loi Française dans son art. 61, elle a basé une imputation de complicité sur une présomption. C'est la une grave erreur. Le Code prussien dans cette hypothèse du recel, satisfait plus heureusement à l'intérêt de la répression, en distinguant le cas de concert antérieur au délit du cas général.

Si nous passons maintenant à l'examen de la pénalité, nous nous trouvons en présence d'un système tout original. Tandis que les auteurs subissent la peine du crime ou du délit, les complices sont frappés d'un châtiment qui leur est particulier. S'il s'agit d'un crime, ils encourent la peine immédiatement inférieure à celle qu'ils encourraient, s'ils étaient eux-mêmes auteurs du crime. C'est seulement au cas de délit, qu'ils sont frappés d'une peine calculée sur celle de l'auteur, et qui peut être alors inférieure ou égale, mais jamais supérieure aux deux tiers de celle-ci.

Ces dispositions paraissent *à priori* singulières ; elles manquent de l'unité et de la simplicité qui sont ordinairement l'apanage des règles générales. On se les explique cependant, lorsqu'on en examine les conséquences. L'une des plus importantes est en effet de dégager entièrement le complice des conséquences pénales des aggravations ou des atténuations tenant aux qualités personnelles de l'auteur principal, tout en laissant peser sur lui d'une manière absolue celles qui dérivent des circonstances du crime. Dès lors, on comprend aisément le dualisme qui a présidé au choix du type de peine applicable au complice, suivant qu'il s'agit d'un crime ou qu'il s'agit d'un délit. C'est même une manière heureuse de séparer le sort du complice de celui de l'auteur. Mais cette explication sera pour nous l'occasion de constater partiellement du moins entre la loi belge et la science rationnelle telle que nous l'avons comprise, le même désaccord que nous avons déjà trouvé entre celle-ci et la loi italienne. La science rationnelle associe en effet le complice, en proportion de son importance, non-seulement aux aggravations matérielles du fait principal procédant du fait de l'un quelconque de ses complices, mais encore à celles qui tiennent aux qualités personnelles de celui-ci. Il faut rendre cependant au système belge cette justice qu'il détruit la singulière anomalie en vertu de laquelle, en France, les qualités propres au complice ordinaire importent peu à sa responsabilité personnelle.

D'ailleurs, le principe de la distinction, il faut le reconnaître, a été appliqué par la loi dans toutes ses conséquences logiques, et, à ce point de vue, l'on peut dire encore que les vœux de la science rationnelle sont réalisés.

En résumé, la réforme du Code pénal, telle qu'elle a été faite par les législateurs de la Belgique, constitue un progrès très-important relativement à l'ancienne loi toujours en rigueur en France. C'est donc non-seulement la preuve de la perfectibilité de cette dernière, mais encore l'exemple des modifications qu'il y aurait à lui faire subir dans notre pays.

Mais, quoiqu'il en soit de ces considérations, la conclusion pratique de cette comparaison entre le Code pénal français et les principaux Codes criminels de l'étranger est toute favorable au système indiqué *a priori* par la raison pure et le sens moral. Si délicates que paraissent les nuances que ce système s'attache à faire ressortir, si nombreuses que soient les distinctions auxquelles il s'arrête, elles ont été en grande partie reconnues et établies par les législations les plus avancées de l'Europe, si diverses que fussent d'ailleurs leurs origines. L'un des caractères de la vérité et de la science qui l'exprime c'est d'être universelle. Si l'expérience nous conduit à reconnaître à notre théorie ce caractère, c'est sans doute qu'elle est exacte.

A cette démonstration pratique, nous ajouterons cette réflexion qui en résulte, et qui consiste à penser, que, pour atteindre à l'idéal réalisable du droit pénal, désormais les législateurs doivent s'en rapporter, non plus à la tradition, mais seulement aux principes de justice et de vérité qui sont au fond de la conscience de tous et de chacun.

PROPOSITIONS.

—

DROIT ROMAIN

Propositions tirées du sujet de la Thèse.

I. Le *Consilium* constituait un fait de complicité, indépendamment de toute assistance matérielle. (Page 35).

II. Les Institutes ont adopté la théorie du Digeste sur les faits constitutifs du *Consilium*. (Page 45).

III. La complicité par ratification n'existait pas en Droit Romain. (Page 58).

IV. Le non empêchement et la non révélation ne constituaient pas en principe des faits de complicité. (Page 75).

V. Le principe pénal de la complicité était celui de l'assimilation. (Page 93).

VI. Le complice subissait les conséquences pénales des aggravations inhérentes au fait lui-même ou tenant aux qualités personnelles de l'auteur principal. (Page 102).

Propositions en dehors du sujet de la Thèse.

VII. La contradiction entre la loi X, *de Pignoribus* et la loi II, *de Salviano interdicto*, au Digeste, résulte d'une interpolation de Tribonien.

VIII. La fille de famille ne pouvait s'obliger, même avec l'assentiment de son père de famille.

IX. Le pubère mineur de vingt cinq ans pouvait-il rendre sa condition pire, sans l'assistance de son curateur? Il faut distinguer suivant les époques.

X. Le *Jussus* du juge, à l'époque classique, était exécutoire *manu militari.*

XI. Le pacte adjoint *in continenti* à une stipulation ne vaut pas *ad augendam obligationem.*

DROIT FRANÇAIS

Droit pénal.

I. Les qualités personnelles à l'auteur qui affectent la criminalité du fait principal nuisent ou profitent au complice. (Pages 23 et 160).

II. Le descendant ou le conjoint, complice du meurtre de son ascendant ou conjoint, peut invoquer le bénéfice accordé à l'auteur principal par les art. 321 et 322. (Page 164).

III. Le complice du meurtre commis par le descendant sur son ascendant ou par le conjoint sur son conjoint peut invoquer le bénéfice des art. 321 et 322, malgré l'inexcusabilité de l'auteur principal. (Page 165).

IV. Le complice du vol commis par un descendant au préjudice de son ascendant, conjointement avec un coauteur étranger, ne peut invoquer le bénéfice de l'art. 380. (Page 203).

L'art. 61 n'exige pas, comme condition constitutive du recel des malfaiteurs, que ceux-ci aient été en bande. (Page 231).

VI. La femme peut être déclarée coupable de recélé relativement à un vol commis par son mari. (Page 235).

Droit civil

I. Le mariage célébré à l'étranger, quoique non précédé des publications prescrites par l'art. 170, est valable. Il ne peut être déclaré nul sous le seul prétexte du défaut des publications prescrites.

II. Le légataire universel n'est tenu des dettes que jusqu'à concurrence de son émolument.

III. Le remploi fait par le mari dans l'intérêt de sa femme s'analyse en une gestion d'affaires, qui engage le mari à l'égard de sa femme, et remonte dans ses effets au jour même de l'acquisition.

IV. La femme exerce ses reprises à titre de créancière alternative de son mari.

V. La dot constituée en fraude des créanciers du constituant peut toujours être révoquée à l'égard de la femme; elle ne peut l'être à l'égard du mari que s'il a été de mauvaise foi.

Procédure civile

I. La signification à partie, du jugement rendu sur un acte pour l'exécution duquel a été faite élection de domicile, peut être adressée au domicile élu.

II Au cas de jugement par défaut contre avoué, la signification à partie est nécessaire ponr faire courir les délais de l'appel.

HISTOIRE DU DROIT

I. Sous la monarchie Franque, chacun pouvait par sa propre volonté changer la loi qui le régissait suivant sa nationalité.

II. L'origine de la donation *propter nuptias* se trouve dans le développement du droit romain lui-même sur les donations entre futurs époux.

DROIT DES GENS

I. Un neutre peut, sans manquer à la neutralité, autoriser la vente sur son territoire d'un navire pris sur un belligérant

II. Les batiments de commerce étrangers, stationnant dans un port français, sont soumis à la juridiction territoriale pour les délits entre étrangers, spécialement entre gens de l'équipage, quand ils ne rentrent pas exclusivement dans la discipline du bord.

Vu par le Président de la Thèse,

E. BONNIER.

Vu par le Doyen,

G. COLMET-DAAGE.

Vu et permis d'imprimer, le Vice-Recteur de l'Académie de Paris,

A. MOURIER.

TABLE DES MATIÈRES

—

296 Abbeville. — Imp. P. Briez.

www.ingramcontent.com/pod-product-compliance
Lightning Source LLC
LaVergne TN
LVHW050411060726
842524LV00002B/541

* 9 7 8 2 0 1 4 0 7 1 9 9 3 *